Y STORI FER A'R STORI FER HIR

Geraint Wyn Jones

Cyhoeddwyd dan nawdd Cynllun Gwerslyfrau ac Adnoddau
Cyd-bwyllgor Addysg Cymru

Gwasg Gomer
1988

Argraffiad Cyntaf—1988
Ail Argraffiad—1991
Trydydd Argraffiad—1994

ⓟ Cyngor Sir Clwyd ©

ISBN 0 86383 458 2

Comisiynwyd y gyfrol hon gan Awdurdod Addysg Clwyd

Argraffwyd gan J. D. Lewis a'i Feibion Cyf.,
Gwasg Gomer, Llandysul, Dyfed

CYDNABYDDIAETH

Carwn ddiolch i Mr G. Wyn Owens o Awdurdod Addysg Clwyd am fy ysgogi i ysgrifennu'r gwaith ac i'm gwraig, Delyth, am deipio'r llawysgrif wreiddiol. Diolch hefyd i staff Adran Gymraeg Cyd-bwyllgor Addysg Cymru am bob cydweithrediad ac i Mr J. Elwyn Hughes am ddarllen y proflenni. Myfi yn unig sy'n gyfrifol am y beiau a erys.

Dymunir diolch i'r canlynol am eu caniatâd parod i gynnwys y storïau yn ail adran y gyfrol: Plaid Cymru a Gwasg Gee (Kate Roberts: 'Y Cwilt'); Gwasg Gomer (D. J. Williams: 'Blwyddyn Lwyddiannus'); Dr John Gwilym Jones a Gwasg Gee ('Y Goeden Eirin'); Jane Gruffydd (Guy de Maupassant: 'Y Diafol'); Gwasg Gomer (Chekhov: 'Y Myfyriwr').

Am ganiatâd i atgynhyrchu lluniau diolchir i'r canlynol: Cyngor Celfyddydau Cymru, tt. 51, 57, 63; BBC Hulton Picture Library, tt. 69, 77.

CYNNWYS

NODIADAU RHAGARWEINIOL

1. I'r dyn cyffredin, yn amlach na pheidio, rhyw faes i rai heb ddigon o allu i ddilyn cyrsiau gwyddonol yw maes astudio llenyddiaeth. Yn ei farn ef, go brin fod i weithgaredd o'r fath unrhyw sialens ymenyddol. Erbyn hyn, ysywaeth, treiddiodd yr un farn i feddylfryd cyfran dda o ddisgyblion ein hysgolion uwchradd, a hynny am o leiaf ddau reswm:

   —Yn aml, nid oes llawer o sialens yn y cerddi a'r darnau rhyddiaith a roir ger eu bron yn yr ystafell ddosbarth. Yn hytrach na defnyddio llenyddiaeth â dyfnder syniadol iddi, cyflwynir iddynt ormod o'r hanner o'r hyn a alwyd gan un athro Saesneg yn llenyddiaeth 'Hey-nonny-no and sweet daffodils'.

   —Prin fyth y gofynnir iddynt am eu barn ar na phwnc na darn o lenyddiaeth. Yn hytrach, cânt eu cymell i ddysgu nodiadau athrawon, a safbwyntiau amrywiol feirniaid llenyddol, cyn eu haildywallt yn daclus-dwt yn yr arholiad pen tymor. Y drwg wedyn yw bod y dull hwn o weithio yn datblygu'n arfer y mae'n anodd ymryddhau oddi wrthi, ac fe'i hatgyfnerthir gan y ffaith ei bod yn bosibl llwyddo'n resynus o dda drwy lynu wrth reolau'r gêm.

   Y gwir amdani, wrth gwrs, yw bod astudio llenyddiaeth yn faes yr un mor ymestynnol ag unrhyw faes gwyddonol. Bywyd yw 'pwnc' y naill faes a'r llall ac ynfytyn a awgrymai fod deall dirgelion unrhyw agwedd ar hwnnw'n hawdd. Rhan bwysig o waith darllenydd, felly, yw ceisio canfod a oes gan lenor rywbeth i'w ddweud wrthym am fywyd, ac os oes, pwyso a mesur pa mor wreiddiol a threiddgar ydyw'r weledigaeth honno. Rhan bwysig arall yw ceisio dadansoddi'r *ffordd* y mae'r awdur yn mynegi'r syniadau sydd ganddo. Gall un awdur ddewis dweud yn blwmp ac yn blaen fod 'bywyd yn annheg', ond go brin y gellid galw hynny'n unrhyw fath o gelfyddyd, na'i ystyried yn osodiad craff a chofiadwy. Gall awdur arall ddewis mynegi'r un profiad yn union drwy gyfrwng dau ddarlun cyferbyniol, cyfochrog fel y gwnaeth Kate Roberts yn ei stori adnabyddus 'Henaint'. Nid oes amheuaeth yma nad yr ail ddull o gyflwyno'r syniad cychwynnol yw'r un mwyaf effeithiol. Ond nid yw'r dewis yn un mor hawdd bob tro.

2. I wneud dewisiadau ansoddol fel hyn, y mae'n rhaid wrth ddarllenwyr effro, ac nid ar chwarae bach y mae meithrin cynulleidfa o'r fath. Mae'n broses araf a hir a dylai gychwyn yn gynnar yn natblygiad addysgol yr unigolyn. Wrth ddarllen a thrafod ei waith ei hun a gwrando ar ymdrechion ei gyfoedion y bydd y cyw-feirniad yn magu chwaeth, ac o hir ymarfer y llwydda i fynegi'r chwaeth honno

mewn geiriau manylach a mwy soffistigedig. Eithr cychwyn y datblygiad yw athro a disgybl yn cydymchwilio, yn cyd-ddadansoddi, a chyd-fwynhau wrth ddarllen pwt o stori neu gerdd. Yn union fel y mae mab i ffermwr, wrth gydweithio â'i dad, yn dysgu am natur ffermio, felly hefyd y daw'r cyw-feirniad, wrth gydweithio â'i athro, i ddysgu am elfennau beirniadaeth lenyddol. Ffrwyth yr ymarfer i'r naill fel y llall fydd magu digon o hyder un dydd i ddechrau arfer eu crefft. Wrth geisio sicrhau llwyddiant o'r fath, y mae ansawdd y profiad dysgu lawn cyn bwysiced ag unrhyw ddawn gynhenid a berthyn i'r dysgwr.

Sail y fath ddysgu heb os yw perthynas fywiol rhwng athro a disgybl. Os yw'r blaenaf yn awdurdodol—yn ei ystyried ei hun yn ffynhonnell pob gwybodaeth, ni theimla'r disgybl yn ddigon rhydd fyth i fynegi barn. Ni cheir llwyddiant ychwaith os cyfynga'r athro ei hun beunydd i gwestiynau caeëdig lle na ellir gwneud rhagor na chytuno'n unsillafog oddefol â'r dehongliad 'swyddogol'. Yn y sefyllfa ddelfrydol, bydd y trafod yn gwbl agored a gorau oll os gellir cymell y disgybl i gymryd awenau'r drafodaeth yn ei dro. Gellir enghreifftio'r ddau gyrchddull drwy droi at y gerdd 'Y Cudyll Coch' gan I. D. Hooson:

Y CUDYLL COCH

Daeth cysgod sydyn dros y waun,
A chri a chyffro lle 'roedd cerdd
A chwiban gwyllt aderyn du
A thrydar ofnus llinos werdd,
Ac uwch fy mhen ddwy adain hir
Yn hongian yn yr awyr glir.

Fe safai'r perthi ar ddi-hun,
A chlywid sŵn ffwdanus lu
Yn ffoi am noddfa tua'r llwyn
Mewn arswyd rhag y gwyliwr du;
Ac yntau fry yn deor gwae,
A chysgod angau dros y cae.

A minnau yno'n syllu'n syn,
Ar amrant—yr adenydd hir
Dry dan fy nhrem yn flaenllym saeth,
A honno'n disgyn ar y tir;
Ac yna un, â'i wich yn groch,
Yng nghrafanc ddur y cudyll coch.

Un ffordd o ymdrin â hi fyddai pentyrru cwestiynau caeëdig megis:

* Beth ydyw Cudyll Coch?   Ateb : Aderyn
* Beth yw 'Noddfa'?   Ateb : *Refuge*

ond ni fyddai gofyn cwestiynau o'r fath yn arwain at adnabyddiaeth fymryn dyfnach o ystyr y gerdd. At y diben hwnnw, byddai'n rhaid gofyn cwestiynau mwy penagored fel:

* Ym mha fath o le y ceir *canu*?
* Pam mae'r aderyn du yn *chwibanu*?
  Ai chwibanu y mae aderyn du fel arfer?
* Ble'r oedd y bardd? Sut y gwyddoch chi hynny?
* Pa effaith y mae'r gair *hongian* yn ei gael arnom?
  Pam mae hynny?
* Beth sy'n *deor* fel arfer?
  Pam y defnyddir y gair hwn yma?
  Beth y mae'r gair yn ei awgrymu am yr hyn a oedd yn digwydd?
* Beth yw cysylltiadau'r ansoddair *du*?
  Sut y mae'n cael ei ddefnyddio mewn ffilmiau, ac yn y blaen?
  A yw'n addas yn y cyd-destun yma?
* Beth fyddwn yn ei gysylltu â *dur* fel arfer?
* A yw'r ffaith i'r gerdd hon gael ei hysgrifennu adeg y rhyfel yn
  bwysig?
* A ellir dadlau bod y gerdd yn enghraifft ddiriaethol o rywbeth
  sydd i'w weld mewn sawl ffurf yn y byd?
* A oes yna apêl gyffredinol i'r gerdd? Beth ydyw?

Y gamp yw cynnwys y darllenydd ifanc i amgyffred amryfal ystyron y
gerdd drosto'i hun.

3. Yn union fel y mae angen offer ar saer maen i adeiladu mur, y mae
   angen arfau ar y darllenydd yntau i ymateb i'r gair mewn print.
   Dylai, er enghraifft, fod yn gyfarwydd â'r gwahanol fathau o
   hiwmor a ddefnyddia awdur, a dod i ddeall nad yw pawb yn dych-
   anu'r un fath. Dylai wybod hefyd beth yw'r gwahaniaeth rhwng
   stori a stori fer hir, neu *nouvelle*, ac ymgais i'w dywys drwy'r maes
   hwnnw a geir yn y gyfrol hon. Oherwydd, oni all ddarllenydd
   adnabod elfennau'r grefft y mae'n ymdrin â hi, oni ŵyr yn fras beth
   yw teithi'r *genre* y mae'n delio ag ef, bydd yn anodd iddo ymateb i
   lenyddiaeth ac eithrio ar y lefel fwyaf elfennol a mympwyol.

4. Gan fod llenor yn delio â bywyd, a chan fod bywyd yn gymhleth,
   mae'n anochel y bydd awduron yn aml yn delio ag agweddau ar
   realiti na ŵyr y darllenydd nemor ddim amdanynt. Bydd arno felly
   angen corff o wybodaeth gefndirol wrth law, ac ymdrech i gychwyn
   casgliad o'r fath yw'r rhestr cyfrolau a geir ar ddiwedd y nodiadau
   hyn. Byddai ceisio deall *Tywyll Heno*, er enghraifft, heb ymgyfar-
   wyddo â hanes y ganrif bresennol—yn wleidyddol, yn athronyddol,
   ac yn ddiwinyddol—bron yn amhosibl. Byddai'r un mor anodd
   deall *Te yn y Grug* heb gywain rhywfaint o wybodaeth am deithi'r
   cyflwr adolesent. Y mae angen cefndir fel hyn er mwyn gallu

ymateb yn llawn i thema'r gwaith. Ni ellir gorblwysleisio, fodd bynnag, mai fel llawforwyn yn unig y dylid defnyddio gwybodaeth o'r fath, ac nid fel diben ynddo'i hun. Taflu goleuni ar yr hyn sydd gan awdur i'w ddweud yn hytrach na'i ddisodli yw ei swyddogaeth. Yn anad hynny, fe rwystra'r wybodaeth y gwaith llenyddol rhag siarad â ni â'i lais uniongyrchol ei hun. Tra'n pori yn y cyfrolau isod, felly, nid drwg o beth fyddai myfyrio'n barhaus ar eiriau'r bardd:

Nes na'r hanesydd at y gwir di-goll
Ydyw'r dramodydd, sydd yn gelwydd oll.

*   *   *

[1] H. J. Hughes, *Gwerthfawrogi Llenyddiaeth* (Caerdydd, 1959).
[2] Sean O'Faolain, *The Short Story* (Llundain, 1948).
[3] Frank O'Connor, *The Lonely Voice* (Llundain, 1963).
[4] W. Allen, *Reading a Novel* (Llundain, 1958).
[5] S. Lewis, *Crefft y Stori Fer* (Llandysul, 1949).
[6] J. Jenkins (Gol.), *Y Stori Fer* (Abertawe, 1979).
[7] W. C. Booth, *The Rhetoric of Fiction* (Chicago, 1961).
[8] B. Dobrée, *Modern Prose Style* (Rhydychen, 1964).
[9] J. E. Caerwyn Williams (Gol.), *Ysgrifau Beirniadol* (Dinbych, 1965-).
[10] E. Hamilton, *Mythology* (Llundain, 1967).
[11] M. Hughes, *Chwedlau'r Cynfyd* (Dinbych, 1983).
[12] R. Graves, *The White Goddess* (Llundain, 1961).
[13] J. Drever, *A Dictionary of Psychology* (Harmondsworth, 1968).
[14] F. Copleston, *Contemporary Philosophy* (Llundain, 1965).
[15] D. Glyn Jones a W. Gareth Jones, Cyfres *Y Meddwl Modern* (Dinbych, 1980-).
[16] G. L. Mosse, *The Culture of Western Europe* (Llundain, 1963).
[17] Peter Williams, *Y Mynegair Ysgrythurol* (Llanrwst, 1842).
[18] J. Bronowski, *The Ascent of Man* (Llundain, 1976).
[19] D. Morris, *The Naked Ape* (Llundain, 1968).
[20] J. Gwilym Jones, *Swyddogaeth Beirniadaeth* (Dinbych, 1977).
[21] J. Gwilym Jones, *Crefft y Llenor* (Dinbych, 1977).
[22] J. E. Caerwyn Williams (Gol.), *Llên Doe a Heddiw* (Dinbych, 1976).
[23] William Sansom, *The Birth of a Story* (Llundain, 1972).

ARWEINIAD I FAES Y STORI FER A'R STORI FER HIR

1. ELFENNAU'R STORI FER

Tarddiad

Y mateb llenyddol i her datblygiadau cymdeithasol y ganrif ddiwethaf yw'r stori fer. Yn ystod y ganrif a'i rhagflaenai, dim ond yr ychydig breintiedig a fedrai ddarllen, ac yr oedd ganddynt hwy ddigonedd o amser i bori yn nofelau swmpus eu cyfnod. Ond yn ystod y bedwaredd ganrif ar bymtheg, ni allai'r werin lythrennog newydd fforddio hamddena o'r fath. Yr oedd arni felly angen ffurf lenyddol fyrrach a allai sefyll ar ei thraed ei hun ond a roddai'r un mesur o foddhad â'r nofel—cyfrwng cryno, cyflym, cynhwysfawr. Dyma pam y ganed y stori fer.

Sylwer mai fel stori fer yr adnabyddid y ffurf o'r cychwyn cyntaf ac nid fel stori. Perthyn y ffurf honno i linach lawer iawn hŷn ac mae ei gwreiddiau'n ddwfn yn nhraddodiad cyfarwyddol yr oesau cynnar. Ei phennaf diben erioed fu diddanu gwrandawyr, heb ymboeni'n ormodol am i'w chynnwys fod ag arwyddocâd ehangach. Wedi clywed stori unwaith, yn anaml y bydd yn atseinio yn y cof, ac os digwydd i un ei chlywed yr eildro, bydd fel arfer mor farw â hoel. Mae stori fer, ar y llaw arall, yn chwarel o syniadau ac argraffiadau y gall y darllenydd ddychwelyd iddi, a chanfod rhywbeth newydd yno dro ar ôl tro. Storïau byrion a geir ar ddiwedd y gyfrol hon, ond fel storïau y byddem yn ystyried gweithiau fel 'Sam Symol' gan Richard Hughes Williams, 'Eos y Pentan' gan W. J. Griffith a 'Prentisiad Huw' gan Kate Roberts.

Gweledigaeth

Sylfaen pob stori fer yw gweledigaeth bersonol, ffordd unigryw o edrych ar fywyd a chyfrwng i oleuo problemau dyrys ein bodolaeth yn y byd. Wrth gyfansoddi stori fer, tystiai Kate Roberts ei bod yn ysgrifennu am 'un profiad neu un fflach o oleuni ar un peth . . .'[1] tra disgrifir y broses gan y beirniad llenyddol Americanaidd, Mark Schorer, fel 'tynnu fêl yn ôl yn annisgwyl ac yna ei gollwng'.[2] Gwelir mor bersonol yw'r profiad pan ystyriwn i bron bawb ohonom rywbryd neu'i gilydd weld enghreifftiau o henaint o'n cwmpas, ond Kate Roberts yn unig a welodd ddedwyddwch ansensitif yn rhan ohono a defnyddio hynny i gyfleu annhegwch sylfaenol bywyd yn ei stori 'Henaint'. Efallai i rai ohonom hefyd ddod wyneb yn wyneb ag angau, ond ychydig a adnabu'r cysur eironig a all ddod yn sgîl her marwolaeth, sydd i'w weld yn stori fer Kate Roberts, 'Y Condemniedig'. Yn y gweithiau hyn, canfyddir ffordd o edrych ar y byd sy'n hynod bersonol, gyda'r awdur yn mowldio ei phrofiadau 'yn fy mhair fy hun'.

1. Ystyriwch rai o'r storïau yr ydych yn eu hastudio, gan geisio penderfynu a oes ynddynt weledigaeth ai peidio? A ydynt yn edrych ar ddarn o brofiad yr ydych chi'n gyfarwydd ag ef mewn ffordd *arbennig*?

3

Diffuantrwydd neu Hygrededd

Nid yw gweledigaeth bersonol ynddi'i hun yn ddigon ychwaith; rhaid i honno yn ei thro fod yn un ddiffuant. Ni eill y cyfrwng ddygymod â'r profiad gwneud ail-law. Oni theimla'r llenor unrhyw reidrwydd o'i fewn i'w fynegi ei hun, os oes rhaid iddo grafu am rywbeth i'w ddweud, neu os yw'r gwaith llenyddol yn gynnyrch unrhyw symbyliad heblaw profiad dilys, bydd y gwaith:

> ... yn amddifad o gywirdeb, a bydd yn rhythu arnoch fel darlun o ddyn â gwên ffals ar ei wyneb. Gall y cyfarwydd adnabod y wên ffals.[3]

Ceir yr argraff bod awdur yn ffals pan fo'n ymyrryd â bywyd, hynny yw yn ei ail-wampio'n ddigywilydd at ei ddibenion ei hun. A dyma'r union ymdeimlad a geir wrth ddarllen stori R. Dewi Williams, 'Clawdd Terfyn'. Ynddi, adroddir sut y bu i glawdd terfyn rhwng dwy fferm fod yn achos ymrafael rhwng y perchenogion am sawl blwyddyn, hyd nes i ddau oen, un diwrnod, gael eu dal wrth fôn y clawdd. Erbyn hynny, yr oedd y ddau gymydog yn ddigon oedrannus a bregus eu hiechyd (a chyda digon o amser ar eu dwylo i fyfyrio ar arwyddocâd troeon bywyd), i'r ŵyn fod yn gyfrwng cymod. Bu farw'r ddau'n fuan wedyn a phenderfynwyd claddu'r cymdogion cymodlon ochr yn ochr ym mynwent y llan:

> Diwrnod ei angladd, pan ddodid yr elor, a'r arch arno, i lawr gerllaw y bedd agored, syrthiodd ochr y bedd—yr ochr agosaf at fedd Pitar Huws—i mewn, gan ddarn lenwi'r bedd newydd.
> "Myn gafr," ebe Ned, yr hwn oedd yn sefyll yn ddefosiynol yn ymyl fel un o'r prif alarwyr, a'i het yn ei law, "Ma helynt y clawdd terfyn yn dechra yn y fan yma eto," ac edrychai yn anghrediniol ar dawelwch ei hen fistar dan y cwrlid du ar yr elor gerllaw.[4]

Mewn ysgrifennu o'r fath y mae'r cyd-ddigwyddiad yn ormod i unrhyw un ei lyncu. Teimlir rywsut nad yw'r awdur yn ymdrin yn onest â bywyd ac o ganlyniad cyll y stori bob arlliw o wirionedd a allai berthyn iddi—anonestrwydd yw'r cyfan.

Ar adegau eraill, bydd awdur yn trafod thema sy'n perthyn yn nes i fyd ffantasi nag i realiti bywyd bob dydd. Mewn gwaith o'r fath, nid yw'r llenor yn cadw o fewn terfynau'r hyn sydd debygol ac o'r herwydd dechreua'r darllenydd amau ei allu i ymdrin â phroblemau astrus ein byd ni. Dyma, o bosib, wendid stori 'Y Gwynt' yn *Rhigolau Bywyd*. Bryd arall, efallai bod syniad cychwynnol awdur yn ddigon derbyniol ond bod y ffordd y datblygir ef yn peri i'r darllenydd ddechrau hel meddyliau ac amau'r oll. Stori o'r fath yw 'Yr Athronydd' yn *O Gors y Bryniau*. Eithr beth bynnag yw gwraidd y diffyg ffydd, yr un yw'r canlyniad. Gwrthyd y darllenydd â gwrando ar yr hyn sydd gan yr awdur i'w ddweud am y profiad, ac y mae'r gwaith, o'r herwydd, yn fethiant artistig.

4

2. Darllenwch y stori, 'Y Man Geni' (Kate Roberts, *O Gors y Bryniau*), a cheisiwch benderfynu a oes unrhyw ymyrryd annerbyniol ynddi. Manylwch wrth gyflwyno eich sylwadau.

Y Deunydd Crai

Nid oes raid i stori fer ei chyfyngu ei hun i feysydd arbennig. Geill ymdrin ag unrhyw bwnc o fewn unrhyw gyd-destun, mewn unrhyw ddull. Y rhyddid hwn a alluoga Kate Roberts yn 'Yr Enaid Clwyfus' i ymboeni am gyflwr ysbrydol ein byd, tra ar y llaw arall yn caniatáu i Guy de Maupassant sawru aroglau'r cnawd ym mhuteindy 'La Maison Tellier'. Byddai rhai'n ddiau am gondemnio stori Maupassant am fod yn anfoesol a di-chwaeth ond camgymeriad dybryd yw ceisio mesur gwerth stori ar sail ei gwedd allanol (neu ei phwnc). Nid yw'r ffaith fod y wisg sydd i stori braidd yn garpiog yn golygu o raid nad oes ynddi sylwedd. Nid wrth ei big y mae prynu cyffylog. Cymerer fel enghraifft stori enwog Ernest Hemingway 'The Light of the World'. Ynddi edrydd yr awdur hanes pum putain, chwe dyn gwyn, pedwar Indiad coch a dau rafil (*bum* yw'r gair a geir yn y gwreiddiol) yn un o orsafoedd trên rhyw dref fechan yn yr Unol Daleithiau. Ar ganol sgwrs ddigon di-gyfeiriad, sonia un o'r rafils gwyn am ddyn o'r enw Steve Ketchel a chael bod un o'r puteiniaid yn ei adnabod yn dda. Aeth Ketchel â hi allan, meddai, gan ei thrin fel gwraig fonheddig, ac nid oes baid ar ei chanmol o'r dyn. Fe ŵyr y darllenydd, fodd bynnag, nad oes y fath berson yn bod â Steve Ketchel ac mai creadigaeth dychymyg y butain yn unig ydyw. Ac unwaith y sylweddolir hynny, peidia â bod yn stori am wehilion cymdeithas a thry'n ddameg gyfoethog am ymchwil yr enaid dynol, pa le bynnag y bo, am urddas. Aed drwy blisgyn yr hyn a ymddengys yn anghynnes at un o broblemau sylfaenol byw yn y byd.[5]

Unoliaeth

Y mae i stori Hemingway hefyd unoliaeth organig o ran amser, lle ac awyrgylch—un arall o nodweddion sylfaenol y stori fer a nodwedd a gymharwyd gan un llenor i gamp canfod y 'tro yn y ffordd'. O ganfod y tro, gall awdur edrych yn ôl ac ymlaen o fan canolog, gan gysylltu'r cyfan â'i weledigaeth yn undod clwm. Prin y gellid haeru i hynny ddigwydd yn stori'r 'Clawdd Terfyn'. Ar ddechrau'r stori honno, gyda'r sôn am y 'Temperate Zone' a'r defnydd bwriadol o iaith anghymharus, fawreddog i sôn am fanion dibwys (fel ystrywiau'r cwningod ar y clawdd terfyn), ceir yr argraff mai stori eithaf digrif sy'n ein haros. Ceir cyffyrddiadau dychanol hefyd hwnt ac yma heb fod iddynt ryw lawer o gyswllt â phrif thema'r gwaith, (megis hanes Don y ci yn gwneud 'research work diniwed ymhlith y tyllau—fel y gwna llawer *don* methiantus arall'). Ar ôl rhagymadroddi fel hyn, fodd bynnag, deuir at graidd y stori lle'r adeiladir awyrgylch cwbl newydd ac eithaf difrifol. Cryfha'r pathos fel yr â'r stori rhagddi nes deuwn at ddehongliad Pitar Huws o'r ŵyn a ddaliwyd yn y rhwyd:

> . . . 'roedd ei wefusau yn awr yn dechrau mynd yn anufudd ac afreolus —"Dameg ydi hi, Wil: Twm Bifan a minna sy yn y rhwyd yna,'' a gorweddodd yn ôl yn y gwely drachefn, a thorrodd i wylo yn hidl.

Yma cyll yr awdur ei afael ar fywyd organig y gwaith; ac yn hytrach na pheri i ni gydymdeimlo, pair y gorddweud histrionig i ni chwerthin, gan chwalu'r awyrgylch yn llwyr.

Pe bai Chekhov, dyweder, yn adrodd yr hanes, byddai wedi ei seilio ar *un* digwyddiad canolog, sef helynt yr ŵyn, gan fwrw golwg yn ôl ar y ffrwgwd, ac ymlaen at y cymod, heb symud cam. Mae'n fwy na thebyg y ceid ganddo yntau hefyd gyffyrddiadau eironig, slei hwnt ac yma i ddwysáu angerdd y dweud (fel sydd gan Dewi Williams), ond ni adawai ef iddynt ymyrryd o gwbl â gwirionedd sylfaenol y gwaith. Yn wahanol i'r Cymro, byddai wedi canfod y 'pwynt y tu allan i amser a rydd olwg i ni ar y gorffennol a'r dyfodol yr un pryd'.[6]

3. Darllenwch 'Yr Athronydd' (Kate Roberts, *O Gors y Bryniau*). A fyddai'n bosibl dadlau nad oes unoliaeth i'r stori? Sut y byddech chi'n dadlau'r achos?

Bydoedd Cyflawn

Nodwedd arall a berthyn i'r stori fer yw ei gallu i greu byd cyflawn o fewn cwmpas bychan a'n dal ynddo, ac mae stori enwog Maupassant, 'La Parure', a stori O. Henry, 'The Gift of the Magi', cystal enghreifftiau â dim o'r union allu hwn. Yn stori Maupassant, caiff gwraig i was suful, distadl, fenthyg neclis 'werthfawr' gan ffrind i fynd i ddawns, ond yn ystod y noson fe'i cyll hi. Am flynyddoedd wedyn bu'n osgoi'r ffrind honno ac yn gweithio'n ddi-baid i ad-dalu'r ddyled, nes llwyddo o'r diwedd i gyrraedd y nod. Ond wrth iddi ddychwelyd y dorch, ymetyb y ffrind braidd yn ddidaro gan ddweud mai un ffug oedd yr un wreiddiol beth bynnag ac na wnaethai unrhyw wahaniaeth pe bai wedi mynd ar goll—sylw a bair i ni gydymdeimlo'n ddwys â'r truan a wastraffodd ei bywyd. Yr hyn na wneir yw cymryd yr un cam ychwanegol a barai i ni sylweddoli bod y wraig honno bellach yn werth ei miloedd. Fe'n rhwystrir ni gan rym mewnol y stori fer.

4. Darllenwch 'The Gift of the Magi' (O. Henry: *The Four Million*), a cheisiwch ddadansoddi eich ymateb ar ôl gorffen ei darllen.

6

Cynildeb y Stori Fer

(i) Yr Agoriad

Natur ei hiaith, yn anad dim, sy'n gosod stamp arbennig ar y stori fer. Y mae iaith y *genre*, at ei gilydd, gymaint yn dynnach ei gwead nag iaith y nofel. Tra bo'r nofelydd yn gweithio â'r frawddeg a'r paragraff, y gair unigol yw erfyn y storïwr byr. Yng ngeiriau lliwgar O'Faolain:

> . . . in the novel . . . the effects aimed at are, as it were, at artillery range. In the short tale it is hand-to-hand fighting all the time . . .[7]

Yn ogystal â bod yn gynnil ei hiaith, y mae'r ffurf hefyd yn fyr a'r cyfuniad hwn a rydd i ni, wrth ddarllen, yr ymdeimlad o ynni deinamig wedi ei gostrelu. Yr un ffactorau sy'n peri bod y darlun a gyflwynir mor gyson fyw ac mor llachar. Iaith awgrymog, atseiniol yw iaith y storïwr byr, felly, ac ymdeimlir â'i natur effro'n syth ym mrawddeg agoriadol pob stori dda, fel y tystia'r enghreifftiau a ganlyn:

(i)   Pan welodd ni'n dod drwy'r drws edrychodd y dyn-y-tu-ôl-i'r-bar i fyny ac ymestyn ymlaen i roi'r gorchudd gwydr dros y ddwy bowlen cinio-am-ddim. (Ernest Hemingway, 'The Light of the World', *Winner Take Nothing*)

(ii)   Cyrhaeddodd y siop, fel y gwnâi bob amser, ar yr awr. (Eigra Lewis Roberts, 'Cudynnau', *Cudynnau*)

(iii)   Hwyrach yr â' i am dro'r pnawn 'ma, mynd tra medra i, fel y byddan nhw'n deud. (Jane Edwards, 'Hen Dŷ, Hen Do', *Hon, Debygem, Ydoedd Gwlad yr Hafddydd*)

(iv)   Efô a ofynnodd i'r doctor, ac erbyn hyn yr oedd yn edifar ganddo. (Kate Roberts, 'Y Condemniedig', *Ffair Gaeaf a Storïau Eraill*)

(v)   Yr oedd Sam Wolinsky yn ddwy ar bymtheg oed, ac aethai mis heibio ers iddo ddechrau siafio; nawr yr oedd mewn cariad. (William Saroyan, 'Seventeen', *The Daring Young Man on the Flying Trapeze*)

(vi)   Gan wynebu'r meddyg, safai'r tyddynnwr wrth erchwyn gwely'r wraig a oedd yn marw. (Maupassant, 'Le Diable', *Le Horla*)

Y mae Miss Edwards yn 'Cudynnau' yn hen ferch ddeddfol, gysact, raglenedig bron, a gwyddom hynny am fod y manylyn a ddewiswyd i'w chyflwyno yn siarad cyfrolau. Ni raid i Hemingway ychwaith adrodd fawr mwy am natur yr ymwelwyr â'r caffi; digon yw nodi ymateb dyn y bar. Yr oedd eu hedrychiad a'u hymarweddiad gyfryw fel nad oedd hwnnw am i unrhyw beth beri iddynt aros yno yn hwy. Ac er yr ychwanegir mwy o fanylion at yr argraff a rydd y darlun agoriadol i ni wrth i'r stori fynd yn ei blaen, yr argraff gychwynnol sy'n lliwio ein hymateb i bopeth ac yn aros hwyaf yn y cof. Y mae tanbeidrwydd lluniau o'r fath fel pe'n eu serio ar ein hymwybod.

5. Penderfynwch chi pa mor awgrymog yw gweddill yr enghreifftiau.

(ii) Darluniau

Gwelir yn syth wrth ddarllen y dyfyniadau uchod mai un ffordd o ysgrifennu'n gynnil, awgrymog yw drwy ddefnyddio darluniau; eithr ni olygir wrth hynny ddarluniau manwl fel rhai Constable a'i debyg ond yn hytrach rhai argraffiadol yn llinach yr Ysgol Fraslunaidd. Yma mae un manylyn yn cynrychioli'r lliaws, yr enghraifft unigol y profiad cyfan. Nid techneg y storïwr ydyw yn y bôn felly, ond techneg yr artist a'r cynhyrchydd ffilm. Er enghraifft, pan yw'r cyfarwyddwr ffilm, Eisenstein, am gyfleu ofn yr arglwyddi sydd ar fin cael eu dienyddio yn 'Ivan yr Ofnadwy', y cyfan a wna yw peri i'r camera ganolbwyntio ar gyhyrau tynn y gwddf, a dyna ymwybod â'r arswyd a'r ofn yn syth. Pan yw Kate Roberts hithau am gyfleu dihoeni Owen yn *Y Byw Sy'n Cysgu*, defnyddia dri darlun o ben ac ysgwyddau brawd-yng-nghyfraith Laura Ffennig dros gyfnod o ddeunaw mis. Yn y cyntaf, mae ganddo 'wyneb glandeg, agored, a'i wallt yn britho'n hardd', ond ymhellach ymlaen ceir bod 'wyneb Owen . . . yn fudr felyn fel pwti, ond yn union o dan ei wallt yr oedd rhimyn o groen gwyn'. Dewiswyd y manylion cynrychioliadol yn hynod ofalus. Llaciwyd croen y pen gan chwys y dihoeni nes lledu'r rhimyn gwyn rhwng y talcen a'r gwallt, a gwyddai'r artist cynnil y byddai effaith y ffocysu bwriadol hwn gyfwerth â thoreth o ddisgrifio amleiriog. Y mae cystal enghraifft o sylwgarwch artistig ag a geir mewn unrhyw gelfyddyd.

Manylion sy'n gwneud disgrifio helaethach yn ddiangen yw'r rhain a cheir sawl enghraifft arall ohonynt yng ngweithiau Kate Roberts. Nid carnedd ansoddeiriol a geir ganddi, er enghraifft, i gyfleu torcalon Rhys Ffennig drannoeth diflaniad ei dad, ond darlun syml:

> . . . disgynnodd Rhys ar ei liniau ar y gadair freichiau a phlannu ei wyneb i'w chefn, ei gorff fel bach yn camu tuag allan, a dechrau beichio crïo. [8]

Cyfleir yma gorff wedi ei ysigo gan alar, eithr gadewir i *ni* ddychmygu maint y boen. Byddai disgrifiad helaethach ohono wedi ei fesur a'i labelu, ac o'r herwydd ei leihau. Gwyddai'r awdur hynny'n iawn a rhoes lun i ni a ryddhâi'r profiad o hualau'r gair.

Gwelir yr un cyffyrddiad sicr eto yn y stori fer 'Chwiorydd' *(Rhigolau Bywyd)*. Sylfaen syniadol y gwaith yw i un o'r chwiorydd, Sara, fynnu brwydro i gadw urddas Meri, ei chwaer, wedi i honno waelu a mynd i fethu â'i hymgeleddu ei hun. Eithr drwy gyfrwng darlun y cyfleir maint a natur yr ymdrech i ni:

> Yr oedd dillad y gwely fel y gamrig a choban Meri, a Meri ei hunan bron cyn wynned â hynny. Rhoddai'r dillad glân bleser i Sara ond iddi beidio â throi ei llygaid ymhell oddi wrth y gwely. Gwnâi hynny rhag ei gwaethaf hefyd, ac yr oedd yn rhaid iddi weled yr hyn nad oedd arni eisiau ei

8

weled—cylch o lanweithdra a chylch allanol amdano o fudreddi, yn hollol fel golau'r lamp ar y seilin—golau gwyn ynghanol düwch. Ynghanol y cwbl gwenai Meri a rhoes angau ryw brydferthwch ar ei hwyneb.[9]

Drwy gyfrwng darlun y cyfleir anferthedd yr ymdrech a wnaed, a'r argraff a wna hwnnw arnom yw sail pob barn o'r eiddom am gymeriadau eraill y stori.

6. Chwiliwch am dair enghraifft o ddarlunio braslunaidd yn eich darllen bob dydd a cheisiwch ddangos sut y mae'r manylion a nodwyd yn cynrychioli mwy na hwy eu hunain.

(iii) Symbolau

Ffordd arall o ysgrifennu'n gynnil yw drwy ddefnyddio symbolau ac y mae'r rheiny'n ymrannu'n ddau fath. Y rhai mwyaf cyffredin yw gwrthrychau a fagodd gysylltiadau ar hyd y canrifoedd megis yr *eryr* a'r *groes*. Cysylltir y naill, yn gyffredinol, â grym a choncwest, tra bo'r llall ynghlwm wrth y syniad o aberth a maddeuant. Adlais o'r math hwn o symbol a ddefnyddiodd John Gwilym Jones yn 'Y Goeden Eirin'. Yng ngardd Eden, caniateid i Adda ac Efa fwyta o gynnyrch pob coeden ar wahân i bren gwybodaeth da a drwg. Pe bwytaent o ffrwyth honno, dôi'r cyfnod o ddiniweidrwydd a llawenydd gwirion i ben. Ond bwyta a wnaethant, a syrthio oddi wrth ras fu eu rhan. O ganlyniad i'r hanes hwn, felly, daeth y goeden, i rai, yn symbol o'r hyn sydd anorfod.

Yn stori John Gwilym Jones, fodd bynnag, coeden eirin a geir, ond coeden serch hynny, a hi eto sy'n dod â chyfnod o ddiniweidrwydd cannaid yr efeilliaid i ben. Ar ddechrau'r stori, mae Wil a Sionyn yn anwahanadwy, ond un diwrnod daw cysgod y goeden eirin dros eu bywyd hwythau:

> Rhyw dro fe ddringodd Wil a fi a fi a Wil i'w phen. Eisteddais i ar frigyn wedi crino fel braich dde nain a syrthio a thorri fy nghoes. Bûm yn y tŷ am wythnosau heb ddim i'w wneud ond darllen a darllen a darllen. Gwnaeth Wil gyfeillion â Lias a Harri bach y *Garage*, a dwad adra bob nos yn sôn am *magneto* a *dynamo* a *clutch* a newid gêr a *Bleriot* a *Jerry M.* 'Dydi o ddim blewyn o wahaniaeth gen' i beth yw *magneto* a *dynamo*, a thros ei grogi yn unig y bydd Wil yn darllen.[10]

Daeth amser y gwahanu anorfod a chyfleir hynny i ni drwy gyfrwng adlais o'r symbol oesol o'r hyn sydd raid.

Gan nad yw'r defnydd arall o'r symbol mor amlwg i'r darllenydd, gall yn hawdd fethu ag ymateb iddo. Bydd yr awdur yn yr achos hwn yn adeiladu yn y fath fodd nes peri i bethau cymharol gyffredin fagu arwyddocâd ac ystyr arbennig. Ceir enghraifft dda o'r hyn a olygir ar ddiwedd 'Y Taliad Olaf'. Yma y mae Ffanni Rolant ar fin clirio bil, a

9

fu'n rhedeg am oes, yn Siop Emwnt, ac fe'i disgrifir yn cyrraedd i wneud hynny drwy lygaid craff y storïwr:

> Agorodd glicied yr hanner drws a arweiniai i'r siop, ymwthiodd drwyddo a disgynnodd yr un gris i lawr y siop—llawr llechi a'r rhai hynny wedi eu golchi'n lân, ond bod yr ymylon yn lasach na'r canol.[11]

Yn rhan gyntaf y darlun, â'r awdur ati i adeiladu awyrgylch arbennig. Troedia Ffanni Rolant 'yr un gris' i'r 'llawr llechi', cenfydd rhyw 'olau pŵl', sy'n 'rhy wan i dreiddio i gorneli'r siop', a daw 'arogleuon' arbennig, sy'n berffaith gyfarwydd iddi hi, i lenwi'r ffroenau. Ar amrantiad rywsut, peidia'r cyfan â bod yn ddisgrifiad o siop nwyddau a chamwn i lawr i eglwys wledig ar droad y ganrif, i ganol aroglau gwêr a myllni henaint. Cryfheir yr argraff wrth i ni sylwi ar y bobl o gwmpas a chael bod pawb 'yn ddistaw ac yn ddieithr, ac yn bell', drwy dynnu ein sylw at y 'distawrwydd a'r ofn', a'r ffaith fod Ffanni'n gwisgo dillad parch—'cêp yn lle siôl frethyn'. Yna manylir ar yr olygfa. Yn y pen pellaf, ceir yr *offeiriad* gyda 'ffedog wen o liain sychu o'i flaen' (ei *wenwisg*), ac o'i flaen yntau y mae'r *allor*, y 'cownter claerwyn'. Y mae cysylltiadau'r cyfan mor gyson eglwysig fel ei bod yn amlwg i Kate Roberts fwriadu i ni ymateb fel hyn. A rhag i ni ymatal, ac i bwysleisio nad sôn am wasanaeth cyffredin a wneir, fe ddywed yn blaen fod 'y cyfan . . . fel gwasanaeth y cymun'.

I ddeall arwyddocâd yr adeiladu bwriadus, rhaid cofio ystyr a phwrpas y gwasanaeth arbennig hwnnw. Gwasanaeth ydyw i'n hatgoffa o aberth Crist er ein mwyn—y taliad olaf. Yr awgrym felly yw mai dyma hefyd yw'r weithred o dalu i Ffanni Rolant. Wrth roi'r arian i Emwnt, ni all hithau beidio â dwyn i gof holl aberthau'r gorffennol—ei dioddefaint hi ei hun a'i theulu, a'i hymdrechion er eu mwyn. Yn union fel y rhoes Crist ei fywyd ef drosom, cysegrodd Ffanni Rolant ei bywyd hithau i'w theulu gan ymwadu'n ddiarbed. Cyfres o ddarluniau digon cyffredin a geir yma ond trwy ddewis y manylion yn ofalus, sicrhawyd bod ymateb y darllenydd yn cael ei gyfeirio a'i liwio mewn ffordd arbennig. Rhoddwyd i'r cynefin arwyddocâd ac ystyr newydd.

Ceir enghraifft ychydig yn wahanol i'r uchod yn chweched bennod *Tywyll Heno*, gan Kate Roberts. Yno y mae Bet Jones am ddianc am gyfnod oddi wrth y problemau sy'n ei llethu, a chyflea'r awdur yr ymdrech a wna i'r perwyl hwnnw drwy ei disgrifio'n hulio te un prynhawn:

> Gadawsai Geraint ei gap ar y gadair cyn mynd i'r ysgol a'i adael ef ei hun yn y cap. Euthum ag ef i'r lobi. Yr oedd ôl corff Gruff ar glustog cadair arall; ysgydwais y glustog a'i throi i'r ochr arall. Yr oedd yn wynt mawr o'r tu allan ond yn dawel y tu mewn . . .[12]

Nid yw Bet yn fodlon i unrhyw beth ei hatgoffa o'i gwewyr meddwl, felly symuda'r tegell a'i sŵn undonog o'r neillbtu. Mae Geraint wedyn, yn sgîl ei gap, yn ei hatgoffa o agwedd newydd y to ifanc at y byd, ac eir â'r cap i'r lobi. Caiff wared hefyd o ôl corff Gruff, ei gŵr, a gynrychiola i Bet safonau digwestiwn a diwyro na all hi bellach eu derbyn. Y pryd hynny'n unig y daw iddi'r tawelwch 'y tu mewn'.

Drwy ei gwrthrycholi y cyfleir y broses seicolegol sydd dan sylw yma. Yn hytrach na rhoi i ni ddadansoddiad manwl o gudd-feddyliau Bet, cyflwynir i ni ddarluniau o'i hymddygiad gan adael i'r broses seicolegol ddod i'r amlwg yn sgîl y rheiny. Yr hyn sy'n bwysig yw bod i bob manylyn ystyr ddyfnach na'r un sydd ar yr wyneb. Cysylltodd Kate Roberts bob un â phrif thema'r stori a'u troi'n symbolau.

7. Ceisiwch benderfynu a wneir defnydd o symbolau yn 'Dincod ar Ddannedd', (Eigra Lewis Roberts, *Y Drych Creulon*), a 'Polyn', (Islwyn Ffowc Elis, *Marwydos*).

(iv) Defnyddio Alegori

Y mae'n bosibl i awdur ysgrifennu stori fer hefyd ar ffurf alegori ond ychydig iawn o lenorion sy'n mentro wynebu sialens o'r fath. Bydd y sawl sy'n defnyddio'r dechneg yn adrodd un stori drwy gyfrwng stori arall ac mae'n debyg mai'r enghraifft enwocaf o ddigon o'r hyn sydd dan sylw yw *Taith y Pererin*, John Bunyan. Symbol estynedig yw sylfaen y stori honno a cheir yr awdur yn cyfathrebu â'i ddarllenydd yn gyson anuniongyrchol drwy gydol y gwaith. Ar un wedd, dilyn ymdaith y prif gymeriad, Cristion, yw pennaf diben yr hanes ond y mae hynt y siwrnai honno hefyd yn gyfrwng i Bunyan leisio ei farn oddrychol ar gyflwr enaid dyn. Y mae i bob darlun a phersonoliad ystyr wahanol (a dyfnach) i'r un sydd ar yr wyneb.

Gwneir defnydd helaethach o'r hanner o'r dechneg ym myd y ffilm a cheir enghraifft ardderchog ohoni ar waith yn ffilm enwog Vittorio De Sica, *Gwyrth ym Milan* (1950). Ynddi, adroddir hanes gŵr ifanc o'r enw Toto, yn adeiladu pentref i dlodion y cylch, o sbarion y ddinas gyfagos, ac y mae'r ysbryd brawdgarol a gwynfydaidd a ddaw yn sgîl yr holl weithgarwch yn pefrio arnom oddi ar y sgrîn. Ond cyn hir fe ddaw tro ar fyd. Cenfydd un person ffynnon fechan ar ei dir, un arall olew ar ei libart yntau, a buan yr egyr hynny'r fflodiart i holl bechodau'r ddynoliaeth ymweld â hwy. Stori Gardd Eden (Genesis) sydd yma, wrth gwrs, (ac Aber Henfelen—*Y Mabinogi*—hefyd o ran hynny) ond dewisodd De Sica adrodd yr hanes hwnnw wrthym ar sail ei brofiad ei hun. Troes y stori honno wedyn yn alegori, yn lleisio barn am broblemau'r oes, ac y mae cyfran dda o'r hyn sydd ganddo i'w ddweud yn dibynnu ar i ni fedru ymateb i'r adleisiau a geir yn y ffilm o'r stori wreiddiol.

8. Darllenwch 'Ddameg yr Heuwr' (Mathew 13. 3-9) a cheisiwch benderfynu i ba raddau y gellir galw'r stori honno'n alegori. Cymerwch olwg hefyd ar ran o gerdd hir Williams Pantycelyn,

Theomemphus, a rhoi cynnig ar ddeall *pwy* neu *beth* y mae cymeriadau'r gwaith yn eu cynrychioli.

(v) Creu Cymeriadau

Pwysleisiwyd eisoes bwysigrwydd cynildeb ac unoliaeth mewn stori fer, ond mae'n debyg mai wrth ymdrin â dull y storïwr byr o greu cymeriadau y gwelir yr hyn a olyga hynny gliriaf. Mewn nofel, y mae digon o amser wrth law i gymeriad ddatblygu, ac i wahanol gyfnodau a phrofiadau adnewid (neu hyd yn oed lwyr newid) y fframwaith sylfaenol; y mae digon o le i *gymeriad* dyfu'n *bersonoliaeth*. Mewn stori fer, ar y llaw arall, fel yr atgoffir ni gan yr Athro W. J. Gruffydd, nid yw'r darllenydd yn dyst i unrhyw newid o'r fath:

> . . . y mae'r nofel yn dangos Taith y Pererin drwy amser; y mae'r stori fer yn ei ddangos ar ryw ddiwrnod pwysig o'i daith . . .[13]

Nid oes fawr o newid yn y cymeriadau, gan nad yw amser yn caniatâu, ac y mae hynny o gymorth i gadw unoliaeth clòs y *genre*.

Un ffordd o lunio cymeriad yw defnyddio'r portread cryno, a dyma a geir ar gychwyn stori fer Gruffydd Parry, 'Cyfryngau':

> Yn yr aroglau cyffuriau yn yr ystafell aros yn nhŷ'r doctor yr oedd dyn a dynes yn eistedd ar y meinciau pren. Un crwn llyfn oedd y dyn, wedi colli ei wallt i gyd ond bargod bach gwyn oedd yn rhedeg o glust i glust rhwng ei wegil a'i gorun. Yr oedd ganddo fwstas gwyn meddal i ddangos y gwahaniaeth rhwng y tu ôl a'r tu blaen i'w ben. Eisteddai het galed ddu a gwawr o wyrdd a choch ynddi ar y fainc wrth ei ochr. Yr oedd y ddynes yn fain ac yn llwyd, a dim ond modfedd o hyd ei chefn bwaog yn cyffwrdd â'r pared syth y tu ôl iddi wrth iddi eistedd. Hongiai ei gwallt yn gudynnau llwyd fel cynffonnau llygod o dan ei het. Gwthiai ei gwefusau allan fel pe bai mewn cydymdeimlad arhosol â rhywun neu rywbeth, ac yr oedd twll lle yr oedd un o'i dannedd uchaf wedi torri.[14]

Tueddu i sefyll yn ei unfan y mae'r naratif (neu'r elfen storïol) mewn creadigaeth o'r fath, gyda'r awdur fel pe am orffen llunio'i gymeriad yn gyntaf cyn rhoi anadl einioes o'i fewn. Methwyd hefyd ag ymwrthod â'r awydd i 'ddweud' yn yr enghraifft a nodwyd, na gwneud fawr o ymgais, er cystal y mynegiant, i awgrymu a chyfleu. Ond ni ddylid casglu oddi wrth ysgrifennu o'r fath fod pob portread cryno'n uniongyrchol syml ei neges. Yn sicr nid felly y mae disgrifio portread un llinell Kate Roberts o Morgan Owan, yn y stori 'Newid Byd' *(O Gors y Bryniau)*:

> Un o'r dynion hynny a siaradai yn -yddol ac mewn -olrwydd oedd Morgan Owan . . .[15]

Y mae hon cystal enghraifft â'r un o lunio portread llawn â'r manylyn holl-gynhwysfawr a phair i ni sylweddoli nad oes perthynas o raid rhwng hyd ac ansawdd y dweud.

12

Ond nid pob stori sy'n darlunio cymeriad mewn un disgrifiad cryno. Yn aml, yn enwedig mewn storïau modern, cyffyrddiadau hwnt ac yma a geir yn hytrach nag un portread twt. Adeiledir y cymeriad o dipyn i beth, a'r canlyniad yw fod yr effaith a geir arnom yn un llawer anos rhoi bys arno. Pan ddigwydd hynny, drwy sylwi ar ei ymddygiad, ei weithredoedd, ei eiriau a'r modd yr adweithia i wahanol symbyliadau y daw'r darllenydd i adnabod y gwrthrych. Arddangos a wneir bryd hynny yn hytrach na dweud. Y gwahaniaeth pennaf rhwng y dull hwn a'r *vignette* traddodiadol, mae'n debyg, yw ei fod yn llawer mwy anuniongyrchol. Ni raid ond meddwl am *Te yn y Grug* i weld i ba raddau y mae hynny'n wir. Ni ddywedir yn un man yn y gwaith hwnnw fod Winni'n hoff o ramantu, dim ond peri iddi sôn yn afieithus am y Frenhines Sheba a'r Frenhines Fictoria, ac yn ei sgyrsiau â'i mam, â Mair ac â Winni Ffinni Hadog y down i wybod am ddiniweidrwydd cynhenid Begw. Crybwyll y diniweidrydd a wnâi llenorion llai medrus; ei gyfleu a wneir i ni yn *Te yn y Grug*.

Techneg arall a ddefnyddia awduron weithiau yw cyferbynnu'r hyn a ymddengys â'r hyn sydd. Bydd y storïwr bryd hynny'n dadlennu drwy gamu'n ôl i ganfod y gwahaniaeth rhwng safbwynt goddrychol cymeriad arbennig a'i safbwynt mwy gwrthrychol a chytbwys ef ei hun. Yn y stori 'Newid Byd', er enghraifft, ceir William Gruffydd yn bur feirniadol o ffermio ei olynydd ar dyddyn Bryn y Fawnog:

> 'Dydw i'n gweld gyno fo fawr gwell gwair . . . efo'i holl fagic slag a'i ffansi tail . . . Ond am yr hen betha newydd 'ma, John Jôs, welis i 'rioed ddioni ohonyn nhw. Dyna i chi Dic Jôs, Tŷ'n Mynydd 'rwan, mae o wedi gwario punna ar ryw hen gêr fel yna, ac mi fedra'r gwynt gario'i wair o bob ha.[16]

Ond yn dilyn y feirniadaeth bigog, ni all y storïwr, o bwyso a mesur, ond tystio mai 'dal i dyfu'r oedd gwair Bryn Fawnog, ac nid oedd fawr o wahaniaeth yn y das ar ddiwedd yr haf'. Heb fynegi'r peth yn newyddiadurol blwmp ac yn blaen, llwyddwyd i gyfleu anniddigrwydd sylfaenol William Gruffydd â phawb a phob peth yn ogystal â'r graddau y bu iddo suro at fywyd yn gyffredinol. Yr awdures a ddefnyddiodd y dechneg hon a fynegodd hefyd mai'r:

> . . . peth i'w gofio gyda stori fer bob amser ydyw mai'r gallu i awgrymu sy'n bwysig. Gellir gwneud hyn drwy beidio â dweud gormod, drwy sgwrs, trwy ddisgrifiadau cynnil. Cynildeb yw'r peth mawr, ond nid y cynildeb hwnnw nad yw'n dweud dim.[17]

Camp yr artist aeddfed felly yw peri i'r ychydig awgrymu llawer mwy ac mae ei lwyddiant yn dibynnu ar ei allu i ddefnyddio iaith gywasgedig sy'n nes at iaith y bardd nag un y nofelydd. Cymharer, er enghraifft, bortread Daniel Owen o Sem Llwyd â phortread Kate Roberts o Dora Lloyd:

13

Mi gredaf fod Sem Llwyd cystal teip o'r mwnwr ag y gyfarfûm i erioed. Yr oedd yn fyr ac eiddil o gorffolaeth—ei wyneb yn felyn-lwyd a thenau —ei gefn yn crymu tipyn—ei frest yn bantiog, a'i anadl yn brin ac afrwydd—yn pesychu'n dost—yn ysmocio o getyn bỳr—yn bwysig, gwybodus, a hunan-ddoeth . . .[18]

Safai Dora Lloyd o flaen ei drych yn ei hystafell wely. Yr oedd newydd roddi'r wiallen olaf yn ei gwallt. O'i blaen yn y drych yr oedd wyneb hirgrwn, trwyn union a llygaid gwineu cynnes, talcen llydan a'r gwallt yn gorwedd arno yn donnau cringoch. Rhoes flows sidan gwyn amdani, ac ni chaeodd ei fotymau hyd y top; gadawodd ychydig o wynder ei gwddf yn y golwg.[19]

Yn y portread o Sem Llwyd, y mae'r tempo'n hamddenol braf ac yn gweddu i'r dim i gymeriad swrth, dioglyd, y gwrthrych dan sylw. Mae gan yr awdur ddigon o amser i ddoethinebu fan hyn a thynnu coes fan draw, yn ogystal â dweud, yn ddiflewyn ar dafod, bod Sem yn bwysig a hunan-ddoeth. Drwy awgrymu, ar y llaw arall, y portreadir Dora Lloyd, a phortread byr ond cyforiog ohoni yw'r un a geir. Sylweddolwn yn syth bin ein bod yn ymdrin â math arbennig o wraig—teip taclus, twt, gyda chryn ddogn o hunanfalchder yn perthyn iddi. Un fel hyn a safai, fel y gwna Dora, o flaen ei drych, ac un felly a roddai'r gwiail yn ei gwallt â'r fath ofal. Wrth i'r awdur fynd ati i ddarlunio'r wyneb, teimla'r darllenydd mai Dora ei hun sy'n cymryd stoc o'i hadnoddau, ac yn eu harchwilio bob yn un ac un, yn drwyn a thalcen a llygaid, cyn symud yn is. Erbyn hynny, mae ar fin gorffen rhoi blows glân amdani a hysbysa'r awdur ni na 'chaeodd ei fotymau hyd y top'. O gofio teitl y stori, daw'r sylw braidd yn annisgwyl ond yr awgrym, yn ddi-os, yw bod Dora Lloyd, y wraig weddw, ar fin ymuno eto â'r hil ddynol, ac ail-gydnabod ei greddfau.

Yn yr enghraifft hon, nid aros yn ei hunfan i bortreadu cyn mynd ymlaen â'r naratif a wna Kate Roberts. Yn hytrach, caniatâ i'r stori fynd rhagddi drwy gyfrwng cyfres o ddarluniau, a pheri i'r holl elfennau—y cefndir, yr awyrgylch a'r cymeriadu—blethu i'w gilydd yn gelfydd yr un pryd. Dyma'r ffurf aruchelaf ar yr agwedd hon o grefft y llenor, a hi yw'r stad o gelfyddyd y mae pob gwir artist yn ceisio ymgyrraedd ati.

9. Pa ddull o greu cymeriadau a geir yn y ddwy stori 'Rhigolau Bywyd' a 'Chwiorydd' (Kate Roberts, *Rhigolau Bywyd*)? A yw'r technegau a ddefnyddir yn addas o ystyried nod artistig yr awdur yn y ddau waith?

(vi) Cefndir

Mae angen yr un ddawn awgrymog eto i greu lleoliad i stori (ac yn sgîl hynny, awyrgylch neu fŵd). Ni all stori fer ddigwydd mewn gwagle a pharhau'n gredadwy. Ar y llaw arall, mae modd treulio cymaint o amser yn paentio cefndir i waith nes pylu'r digwydd. Y ddelfryd yw cael:

> . . . cydbwysedd heb fod yn stiff, cynildeb heb fod yn gaethiwus . . . canfas o gefndir a chymeriad sy'n rhyngu bodd y darllenydd . . . ac yn gwneud hynny, o bosib, yn sgîl yr hyn y mae'n ei hepgor yn hytrach na'r hyn y mae'n ei gynnwys.[20]

Un ffordd o fynd ati, yn ôl Chekhov, yw dweud yn uniongyrchol syml, 'Dechreuodd fwrw glaw', neu 'Roedd hi'n dywyll', a mantais hynny yw y rhydd y tirlun inni'n un talp, cryno, gorffenedig. Ei gwendid, fodd bynnag, yw ei bod mor aml yn fodd i demtio awdur i gymryd hoe i ddisgrifio, gan wthio'r elfen storïol yn daclus o'r naill du. Saif y stori o'r herwydd yn ei hunfan, a cholli ei grym.

Y mae modd llenwi'r gwacter hefyd drwy ysgrifennu'n anuniongyrchol a chyfeddyf Chekhov mai hi yw'r ffordd orau o ddigon i ddistyllu ysbryd golygfa a chefndir:

> Gellwch gyfleu noson loergan drwy ysgrifennu bod darn o botel yn fflachio fel seren fechan ddisglair ar argae'r felin, ac yna bod cysgod du ci neu flaidd yn powlio heibio fel pêl.[21]

Canlyniad mabwysiadu'r dull hwn yn aml yw bod y darlun ychydig yn fwy gwasgarog, fel pe bai'r awdur yn casglu jig-so at ei gilydd. Ar y llaw arall, mae'n cynnig mwy o gyfle iddo baentio'i gefndir tra'n parhau i adrodd ei stori yr un pryd.

Ffordd arall o synio am y ddwy dechneg fyddai meddwl unwaith yn rhagor yn nhermau'r ddwy ysgol arlunio—yr un dirweddol, glasurol a'r ysgol fraslunaidd. Manylder a chywirdeb yw dilysnod y flaenaf o'r ddwy tra bo'r llall yn bodloni ar geisio creu argraff yn hytrach na cheisio ailgreu. Bydd y storïwr braslunaidd yn dewis a dethol manylion cynrychioliadol a'u cydosod yn y fath fodd nes galluogi i'r darllenydd gau ei lygaid ar ôl darllen, a gweld. Y gamp yw ei lithio i dderbyn y gall y rhan gyfleu'r oll.

Nid â'r geiriadur y mae gwneud hynny ond â'r dychymyg, a cheir Kate Roberts yn addef mai'r gamp yw dal 'naws lle ac amser, neu awyrgylch . . . mewn fflach'. Yr hyn a olyga yw mai dawn artistig brin yw'r ddawn i weld a chyfleu, eithr dyma'r union ddawn a welir dro ar ôl tro yn y darnau a ganlyn:

(i) Yr oedd golwg farw ar bentref Argenteuil gyferbyn, ac o'u blaenau, yr oedd bryniau Ogremont a Sannois yn ymddyrchafu dros y wlad. (Maupassant)

(ii) Yr oedd . . . haul Gorffennaf yn tonni i mewn . . . Deuai i'r siambar hefyd aroglau'r meysydd ar flaen yr awel wresog, aroglau'r gweiriau a'r ydau, a'r dail oedd yn crasu dan boethder canol dydd. Yr oedd ceiliogod y rhedyn yn rhincian ac yn llenwi'r fro â'u meinllais clir. (Maupassant)

(iii)   Yr oedd Paris dan warchae, a'r bobl yn marw o newyn. Ychydig iawn o adar a welid ar y to, ac yr oedd y boblogaeth yn diflannu yn y strydoedd tlodion, cyfyng. (Maupassant)

(iv)   Roedd y gwair, gyda'r dant y llew, yn codi i fyny fel stribedi o olau melyn, yn llawn o wyrddni'r gwanwyn, yn ffres ac yn llachar. (Chekhov)

(v)   Ond nid oedd llwybr y mynydd yno, dim ond daear wastad ddidolc . . . A dyna lle'r oedd ei thŷ yn swatio dan gysgod twmpath, a'r Mynydd Grug y tu ôl iddo, fel blawd gwyn wedi ei dywallt yn grwn o bowlen fawr. (Kate Roberts)

(vi)   Yn awr yr oedd yn rhaid i Dafydd Parri droi ei draed yn y tŷ ac nid yn y chwarel. Aeth ei fyd yn gyfyng ac yn newydd . . . Codai dipyn cyn cinio, a byddai carreg yr aelwyd newydd ei golchi, ac ymyl y llechen i'w weld yn sychu'n llinellau. (Kate Roberts)

O gau'r llygaid, gellir gweld y llun bob tro; ac nid gweld yn unig ychwaith gan fod y synhwyrau eraill hefyd, ran amlaf, ar waith.

Y mae dwy enghraifft, hyd yn oed ymhlith y detholiad hwn, sydd ar dir uwch na'r gweddill—y drydedd a'r olaf. Drwy grybwyll bod adar yn brin ym Mharis, tynn Maupassant ein sylw at wir ystyr y gosodiad agoriadol ymddangosiadol foel. Dewisodd un manylyn atseiniol i gyfleu gwir ddwyster y sefyllfa. Gall adar fel arfer fyw ar sbarion dyn, ond yma, aeth pethau cynddrwg fel y bu raid i ddyn ei hun gystadlu â hwy am ymborth. Eto i gyd, nid dweud hynny'n ffeithiol uniongyrchol a wnaeth Maupassant and taro'r post i'r pared glywed. Defnyddiwyd ganddo ddull anunion, delfrydol, Chekhov, fel bod y lleoliad yn rhan anhepgor o gynnwys y gwaith.

Daw'r ail enghraifft o stori Kate Roberts, 'Y Condemniedig'. Yn y stori hon, pan fo Dafydd Parri ar fin marw ac amser bellach yn pwyso'n drwm ar ei ysgwyddau, daw pethau a fu gynt ar gyrion ei ymwybyddiaeth yn ganolbwynt i'w fyd. Ond nid dweud hynny'n swta foel a wna Kate Roberts ond, yn hytrach, disgrifio'r byd hwnnw drwy lygaid y gŵr claf. Clyw Dafydd ei wraig, Lora, yn chwythu'r tân yn y bore, arogleua'r coed grug yn llosgi, tâl sylw mawr i gornel fechan o'r gegin a chanfod o'r newydd amrywiol gyflyrau sychu carreg yr aelwyd. Daw i ymwybod â rhyfeddod pethau cyffredin ac i werthfawrogi manionach bob dydd. Ond wrth gyflwyno byd newydd Dafydd Parri i ni, ni fu raid i'r storïwr oedi'r un cam. Yn hytrach, caniatawyd i'r stori gerdded yn ei blaen yn dalog, gan blethu'r cefndirol a'r portreadu cymeriad â'i gilydd i wead storïol y gwaith.

10 (a). Ceisiwch benderfynu pa ddull o lunio cefndir a pha dechnegau a ddefnyddir yn 'Brechdanau', (Eigra Lewis Roberts, *Cudynnau*).
(b) Sut fath o lunio cefndir a geir ar ddechrau penodau *Cysgod y Cryman*, Islwyn Ffowc Elis, yn eich barn chi?

16

11. Dadansoddwch y defnydd symbolaidd a wneir o'r cefndir yn 'Dwy Storm', (Kate Roberts, *Ffair Gaeaf a Storïau Eraill*).

(vii) Dweud Gormod

Mae'n anodd i awdur gadw cydbwysedd yn ddi-feth rhwng dweud gormod a dweud dim, a cheir sawl enghraifft o lenorion yn methu â gwneud hynny ym myd y stori fer. Sylwer eto ar 'Y Taliad Olaf'. Gwelwyd yn gynharach fel y bu i awdures y stori honno weithio'n ddygn i adeiladu darlun manwl o siop, a'i gwneud yn fwriadol debyg i ddisgrifiad o eglwys wledig. Troes y talu o'r herwydd yn rhywbeth amgenach na chlirio dyled, a llwydda'r darllenydd effro i ymateb i'r amrywiol gliwiau yn weddol ddidrafferth. Nid oes gan yr awdur, fodd bynnag, ddigon o ffydd yn ei darllenydd i fodloni ar awgrymu'n unig. Rhag iddo fethu ag ymateb, mynnwyd ychwanegu bod 'y cyfan . . . fel gwasanaeth y cymun'. Rhoddwyd darlun ger ein bron i ymateb iddo a mynd ati, yn syth bron, i ddadwneud yr effaith a grewyd â'r gosodiad moel. Y mae'r fath ymyrraeth diangen yn nam hyd yn oed ar greadigaeth mor odidog â 'Y Taliad Olaf'.

Nid ar y gwaith artistig yn unig yr effeithia gor-ymyrryd o'r fath, oherwydd y funud y teimla'r darllenydd y bydd awdur yn gwneud popeth ar ei ran, diflanna pob swyn a rhin o'r broses ddarllen a thry'n weithgarwch hynod oddefol iddo, yn ddim amgenach na darllen y papur dyddiol. Yn anuniongyrchol awgrymog *yn unig* y pennir ein hymateb gan y gwir lenor.

12. Ceisiwch benderfynu a fyddai'r stori 'Newid Byd' (Kate Roberts, *O Gors y Bryniau*) yn well stori pe bai'n gorffen â'r geiriau '. . . troi ei gefn ar nefoedd a welodd yntau unwaith'.

Safbwynt

Mae dull awdur o greu cymeriad ac o lunio cefndir yn dibynnu i raddau ar un arall o elfennau sylfaenol gwaith llenyddol, sef y safbwynt. Yn syml, gellir esbonio safbwynt fel dewis awdur o ladmerydd, neu lygaid, fel cyfrwng i adrodd ei stori. Mae ganddo ddewis o sawl techneg:

(i) Yr awdur fel duw yn gweld popeth o'r tu allan—safbwynt sy'n ei alluogi i symud o un cymeriad i'r llall yn ddidrafferth.

(ii) Yr awdur fel duw yn edrych yn wrthrychol ar yr hyn sy'n digwydd, ond o bryd i'w gilydd yn mynd i feddyliau, neu'n mabwysiadu safbwynt, un neu fwy o'r cymeriadau.

(iii) Yr awdur yn adrodd y stori yn y person cyntaf o safbwynt un o'r cymeriadau—nid o raid y prif gymeriad.

(iv) Adrodd yr hanes o safbwynt *sawl* cymeriad sy'n rhan o'r digwydd neu a fu'n rhan ohono, (neu sydd, neu a fu, yn llygaid-dystion).

17

(v) Adrodd stori am un o'r cymeriadau, yn y trydydd person, naill
ai o safbwynt cymeriad arall neu o'r safbwynt hollwybodol.

Nid yn yr amrywiol gyfuniadau fel y cyfryw y mae ein diddordeb ni
ond ym mherthynas safbwynt awdur ag elfennau eraill stori fer. Y saf-
bwynt sy'n llywio (a lliwio) popeth o fewn y gwaith.
    Y mae gofyn: (a) a yw'r safbwynt a ddewisodd awdur o gymorth iddo
gyrraedd ei nod neu, (b) a fyddai'r gwaith yn un amgenach (neu wan-
nach) pe newidid y safbwynt, felly, yn gwestiynau sylfaenol y dylai
pob darllenydd eu gofyn iddo'i hun. I egluro'n hollol yr hyn a olyga
hynny, bydd yn rhaid troi am ychydig at stori fer Kate Roberts, 'Y
Cwilt'. Yn wrthrychol y cyflwynir hanes Ffebi Williams i ni yn y stori
honno er i'r awdur lithro i archwilio dirgelion meddwl y prif gymeriad
bob yn hyn a hyn. Eithr hyd yn oed pan ddigwydd hynny, parheir i
adrodd yr hanes yn y trydydd person, er mwyn cynnal y pellter a
grewyd rhwng y darllenydd a chynnwys y gwaith. Un o themâu'r stori
yw mai rhywbeth hynod bersonol yw problemau dyn yn y byd, na all
neb arall eu dirnad na'u deall, a thanlinellir hynny i ni gan yr awdur â'r
darlun symbolaidd sy'n glo i'r gwaith. Yno, er mai'r un digwyddiad
canolog a ddaeth â phawb ynghyd, y mae'r modd y canfyddir hwnnw
gan bob cymeriad yn gwbl oddrychol. Yn un pen i'r landing, fe geir
Ffebi'n ceisio dianc rhag ing ei phresennol (drwy gyfrwng ei chwilt)
tra yn y pen arall y mae'r llanc o gludwr dodrefn yn llawn chwerthin
heb ymwybod dim â'i phoen. Pe bai Kate Roberts wedi ysgrifennu yn y
person cyntaf, a pheri i Ffebi adrodd ei chŵyn ei hun, byddai'r effaith a
greid ganddi yn un tra gwahanol. Drwy lygaid Ffebi y gwelid popeth
wedyn a chollid o'r herwydd y darlun gwrthrychol ohoni sydd mor
hanfodol i lwyddiant y gwaith. Nid yr un ychwaith fyddai ansawdd y
gwrthgyferbyniad rhwng Ffebi a'r llanc, ac yn lle cydymdeimlo,
byddai perygl i ni fynd i chwerthin am ei phen. Yn ei ffurf bresennol,
down i ymwybod â'i theimladau dyfnaf a medrwn dosturio wrthi yn
unigrwydd ingol ei thrasiedi.
    Yn *Tywyll Heno*, ar y llaw arall, yn y person cyntaf y dewiswyd
adrodd y stori ac nid chwiw oedd hynny. Byrdwn y gwaith yw mai
goddrychol yw realiti bywyd i Bet Jones. Nid yw o unrhyw gysur iddi
hi, felly, glywed bod daioni yn y to ifanc a bod hyd yn oed to sicr-ei-
safonau Gruff ar brydiau'n cael munudau gwan. Ni waeth i neb geisio
ei darbwyllo ychwaith ei bod yn bosibl canfod daioni a dedwyddwch
hyd yn oed o fewn cloriau papurau newydd yr oes, oherwydd ni wêl hi
hynny. Salwch sy'n peri ei bod yn gweld bywyd o *un* cyfeiriad pesim-
istaidd yn unig yw salwch Bet, felly ni fyddai safbwynt a roddai i ni
ddarlun ehangach a mwy cytbwys o'r byd yn gweddu o gwbl i natur y
gwaith. Dewiswyd y safbwynt i gynnal a chyd-fynd â'r dweud.
    Safbwynt arall, a ddefnyddir yn eithaf aml gan Kate Roberts, yw'r
un dramatig. Ymdebyga'r arddull bryd hynny i un y newyddiadurwr a

bydd yr awdur yn aml yn cofnodi union eiriau ei gymeriadau. Effaith hyn yw clymu'r darllenydd yn glòs wrth yr hyn sy'n digwydd a cheir enghraifft benigamp o'r dechneg ar waith yn y stori 'Dianc i Lundain' *(Te yn y Grug)*. Ynddi, llifeiriant geiriol Winni Ffinni Hadog sy'n ei gwneud yn gymeriad mor fyw a chredadwy; a synnir y darllenydd, dro ar ôl tro, gan ei hymddygiad annarogan a mynnych wyrdroadau ei meddwl chwim. Y dirgelwch hwn, sy'n rhan o'r safbwynt, ac a gysylltir mor aml ag adolesens, sydd bennaf cyfrifol am lwyddiant a hygrededd y gwaith.

13. O ba safbwynt yr ysgrifennwyd y stori 'Rhigolau Bywyd' (Kate Roberts, *Rhigolau Bywyd*)? A ydyw'n gweddu i thema'r gwaith? Sut y byddai'r stori'n newid pe newidid y safbwynt?

14. Pa safbwynt a ddewiswyd gan yr awdur yn y stori 'Ffair Gaeaf' (Kate Roberts, *Ffair Gaeaf a Storïau Eraill*)? Eglurwch pam y dewiswyd y safbwynt hwnnw a cheisiwch benderfynu a fu'r dewis yn un llwyddiannus.

Tôn neu Agwedd

Os yw dewis awdur o safbwynt yn gallu newid natur stori, mae'r un peth hefyd yn wir am ei ddewis o dôn. Tôn gwaith yw'r ffordd y pennir adwaith darllenydd gan awdur, a gall hwnnw ddewis mynd â'r maen i'r wal drwy fynegi syniad (neu drefnu ei ddeunydd) mewn ffordd arbennig, neu drwy ymatal, a pheidio â dweud. Ar brydiau â llenor ati i ennyn ein hymateb yn amlwg agored fel pan yw Lora Ffennig yn ymson am ei chwaer-yng-nghyfraith, Esta, yn *Y Byw Sy'n Cysgu*. Mae'r dewis bwriadus o ansoddeiriau a chymariaethau'n ein troi yn erbyn y greadures yn gyson a di-feth:

> O flinder fe gysgodd [Lora], a'r darlun a welai cyn cau ei llygaid oedd Esta, ei chwaer-yng-nghyfraith, yn eistedd wrth ddrws y gegin yn y prynhawn, a golwg fel bwch wedi ei goethi arni, fel plentyn wedi pwdu, ac fel petai siarad y cymdogion a ddaethai i gydymdeimlo yn ffiaidd ganddi . . .[12]

Y mae'n bwysig cofio, fodd bynnag, i'r awdur fod wrthi'n ddygn yn ein hargyhoeddi bod Lora Ffennig yn gymeriad gonest, a'i sylwadau ar fywyd felly'n deg, ymhell cyn gadael iddi wneud gosodiadau o'r fath. Pan ddeuir ar draws y cymariaethau uchod felly, nid yw mor hawdd i'r darllenydd droi ei gefn arni a gwrthod ei barn. Rhag-bennwyd ein hymateb gan yr awdur yn gyfrwys a chelfydd.

Defnyddir techneg eithaf tebyg eto yn 'Cathod mewn Ocsiwn', *(Hyn o Fyd)*, lle ceir Elen, adroddwr y stori, yn lliwio ein hymateb drwy gyfrwng sylwadau-wrth-fynd-heibio ar bawb a phob peth. Cyn medru dechrau, fodd bynnag, bu raid iddi sefydlu perthynas arbennig, a chlòs, â'r darllenydd, i ennill ei deyrngarwch. Bryd hynny'n unig y gellid mentro sôn am ansawdd coluro merched y capel, a'r ddiweddar Mrs Hughes ('ceisient wella ar natur'), ac am ddewis iaith y gymdeith-as y perthynai'r ymadawedig iddi, ('Yr oedd . . . yn perthyn i griw o ferched a siaradai Saesneg bob amser er bod eu Cymraeg yn well . . .') a medru rhagweld yr ymateb. Ond yr hyn sydd o ddiddordeb arbennig i ni yma yw fod y ffordd yr ymdrinia'r awdur â'r dechneg eto'n arddangos dibyniant gwahanol elfennau stori fer, y naill ar y llall. Gwyddid y byddai defnyddio Elen i bennu tôn y gwaith drwyddo draw yn peri i honno ymddangos ar brydiau'n hynod o hunangyfiawn a smyg. Byddai hynny'n ei dro yn gwanhau sylfeini syniadol yr holl waith. O ganlyniad, pan deimlir y bydd unrhyw sylw'n amharu ar ddelwedd deg yr adroddwr, tadogir hwnnw'n ddi-eithriad ar aelod arall o'r gymdeithas a thrwy wneud hynny llwyddir i gynnal undod artistig y gwaith. Y mae yma afael sicr ar awenau'r grefft.

Techneg arall a ddefnyddir i gyflyru ymateb darllenydd, nad yw'n hawdd ei hadnabod, yw'r un a ddefnyddir gan Kate Roberts yn stori olaf *Rhigolau Bywyd*, 'Dydd o Haf'. Ynddi cawn hanes tair merch yn crwydro cefn gwlad ar ddiwrnod crasboeth o haf nes iddynt, ymhen y rhawg, ddarganfod llannerch i gysgodi o'r gwres. Bwriad yr awdur yma yw cyfleu syrthni diwrnod llethol o haf a'i effaith ar y tair, a gwna hynny drwy ei dewis o rythmau a'r ail-adrodd bwriadus ar eiriau a alwyd gan O'Connor yn 'elegant repetition':

> Daethom i *lannerch* a gysgodid gan *goed* a gorweddasom ar y *glaswellt*. Ar gip, edrychai'r *ddaear* o'n hamgylch fel petai'n hydref. Yr oedd *dail* ieuanc rhai o'r *coed* yn *wyrdd melyn*. Yr oedd *rhedyn* marw'r llynedd yno'n *winau* ac yn *drwchus*. Ond o graffu gwelem y *rhedyn ieuanc* yn dechrau tyfu'n *llwydwyrdd* a'u topiau'n cyrlio tua'r *ddaear*. Eithr nid amser i weld pethau'n fanwl oedd hi ar wastad eich cefn felly. Gweled popeth drwy lygaid diog yr oeddem, ac o ganlyniad edrychai pethau'n un peth ac nid yn bethau ar wahân. *Dail mân* oedd ar y *coed bedw* a'u tu chwithig yn *llwyd*, ond i ni edrychent *fel eira* ar y *coed*. Yr oedd cantel y nefoedd yn *bell*, yn *rhy bell* inni feddwl amdano yn hir a dal yn ein synhwyrau â'i liw y *glas* hwnnw y dymunasoch ei gael mewn ffrog lawer gwaith, ond heb lwyddo. Yr oedd fel petai dri chylch o *fynyddoedd* o'n cwmpas â'u lliw *du'n* ysgafnu i *lwyd gwan* ar y gorwel. Gorweddem yno'n llythrennol, yn ein twymo ein hunain yn yr *haul*. Rhoesom ein cyrff, a fu'n crebachu mewn cotiau gweu drwy'r gaeaf, i'r duw hwnnw. Gadawem i'w belydrau ddisgyn yn boeth ar ein hwynebau heb gwyno. O'r *pellter* deuai *sŵn didor rhaeadrau dwfn, sŵn meddal, pell*. Ac nid *didor* chwaith; oblegid eto fe'n twyllid gan ein clyw. Ymddangosai'r *sŵn* fel pe'n stopio ar ebwch, ac yna'n myned ymlaen fel cynt. Gyrrodd ei *sŵn* ni i gysgu.[23]

Gwneir defnydd bwriadol o berthynas agos geiriau â'i gilydd yn y darn ac ail-adroddir hwy'n batrymog nes creu cwilt lliwgar, synhwyrus yn gefndir i'r profiad. Gwëir y synau i'w gilydd yn frodwaith hypnotig ac y mae effaith hynny, ynghyd â'r cyfuniad o gytseiniaid meddal a llaf-ariaid hir (mewn geiriau fel 'sŵn'), fel pe'n suo'r darllenydd i flasu'r union brofiad a gyfleir drosto'i hun. Pennwyd yr ymateb gan grefft guddiedig yr awdur.

Ar adegau eraill, y mae a wnelo ein hymateb gymaint â threfn stori fel cyfanwaith, â natur y digwyddiadau o'i mewn, ac â'r cydosod bwriadus ar elfennau, ag sydd ganddo ag unrhyw ddewis gofalus ar eiriau. Yn 'Y Cwilt', er enghraifft, nid geiriau'r stori'n unig sy'n peri i ni dosturio wrth Ffebi ond eironi'r sefyllfa drasig sy'n sylfaen i'r gwaith. Bu Ffebi wrthi'n ceisio prynu hapusrwydd gydol ei hoes ond, yn eironig ddigon, pan yw'r cyfnod o lawnder materol ar ddarfod y daw hwnnw i'w rhan—ar ffurf brecwast yn y gwely a chwmni gŵr! Pan yw ar fin colli'r cyfan a fedd, dargenfydd ddedwyddwch mewnol na ellir ei brynu fyth, ac eironi'r sefyllfa honno yw elfen amlycaf ein hymateb emosiynol i drasiedi Ffebi Williams.

Agwedd arall ar y grefft yw gwybod pryd i grybwyll a phryd i ymatal, oherwydd gall ymwrthod rhag dweud yn aml fod yr un mor effeithiol â'r disgrifiad manylaf. Gwyddai awdur 'Y Mab Afradlon' hynny'n iawn a defnyddiodd yr union dechneg wrth adrodd ei stori:

> Yr oedd gan ryw ŵr ddau fab. A'r ieuengaf ohonynt a ddywedodd wrth ei dad: 'Fy nhad, dyro i mi y rhan a ddigwydd o'r da'. Ac efe a rannodd iddynt ei fywyd. [24]

Yn yr adran sy'n dilyn, â'r mab ieuengaf i wlad bell, a gwario'r cwbl, nes 'bod mewn eisiau'. Bryd hynny'n unig y penderfyna ddod adref yn ôl:

> Mi a godaf, ac a af at fy nhad, ac a ddywedaf wrtho: 'Fy nhad, pechais yn erbyn y nef, ac o'th flaen dithau; ac mwyach nid ydwyf deilwng i'm galw yn fab i ti; gwna fi fel un o'th weision cyflog'. Ac efe a gododd, ac a aeth at ei dad. A phan oedd efe eto ymhell oddi wrtho, ei dad a'i canfu ef, ac a dosturiodd, ac a redodd, ac a syrthiodd ar ei wddf ef, ac a'i cusanodd. A'r mab a ddywedodd wrtho: 'Fy nhad, pechais yn erbyn y nef, ac o'th flaen dithau; ac nid ydwyf mwyach deilwng i'm galw yn fab i ti'. A'r tad a ddywedodd wrth ei weision: 'Dygwch allan y wisg orau . . .' [25]

Mae i bob gair ei le. Gŵyr yr awdur nad yw llinach person o fawr bwys mewn stori fer, mai argyfwng y presennol yn hytrach yw craidd y gwaith. Felly, sôn am 'ryw ŵr' yn unig a wneir, a chyflwynir holl gymeriadau'r stori i ni'n gryno o fewn cwmpas saith gair. Y mae yr un mor ddarbodus â'i eiriau yng ngweddill y stori. Wrth i'r mab ieuengaf ymadael, nid arian a ranna'r tad â'i feibion ond 'ei fywyd', dewis a awgryma faintioli'r aberth a maint ei gariad yn gyfoethog glir. Ac ar ôl i'r mab hwnnw gyrraedd pen ei daith, nid rhannu ei dda a wna yntau yno, ond ei 'wasgaru'. Dynodai 'rhannu' ymddygiad, bwriadus, ystyriol a chyfrifol, ond gweithred anghyfrifol ac anystyriol yr oedd yr

21

awdur am ei gyfleu, a chadarnheir yr argraff a greir ganddo yma ymhellach ymlaen pan roir gwybod i ni fod y mab hwnnw bellach wedi 'treulio'r' cyfan.

Mewn gwaith llenor gwir fawr, caiff geiriau digon cyffredin chwistrelliad o ystyr newydd, a dyna a ddigwydd i 'glynodd', 'anfonodd', a 'chwenychai' yn y stori hon. Gwnaed i ymadrodd fel 'mi a godaf', hyd yn oed, arddangos penderfyniad a phendantrwydd meddyliol, yn ogystal â'r ystyr lythrennol. Ond y mae ein diddordeb ni yma yn natur y ddau osodiad a wna'r mab afradlon ar y daith yn ôl. Yn y cyntaf, mewn ymson ag ef ei hun, cydnebydd ei bechod, gan haeru nad yw bellach yn haeddu ei gydnabod yn fab i'w dad. Byddai'n fodlon felly dychwelyd fel gwas cyflog. Ond, o ganfod natur y croeso, ni cheir sôn o gwbl am unrhyw aberth o'r fath! Gadawyd y cymal allan yn fwriadol yn yr ail osodiad, ac y mae'r ymatal celfydd yn adrodd cymaint â chyfrolau wrthym am ansawdd cymeriad y mab afradlon. Sut un oedd ef yn eich barn chi?

15. Darllenwch ddameg Y Mab Afradlon (Luc 15. 11-32) gan sylwi'n arbennig ar y modd y mae'r awdur yn lliwio ymateb ei ddarllenydd.

16. Sut y cyflyrir y darllenydd i ymateb i'r gwahanol gymeriadau yn y stori 'Chwiorydd', (Kate Roberts, *Rhigolau Bywyd*), ac i gymeriad Bertie yn *Traed Mewn Cyffion*, (Kate Roberts), t. 111?

Asio a Gwrthbwyntio'r Elfennau

Soniwyd hyd yma am 'gymeriadu' a 'chreu cefndir' i stori fel pe baent bob amser yn elfennau cwbl ar wahân. Y mae hynny, wrth gwrs, ymhell o fod yn wir. Bydd llenor weithiau yn dewis dweud rhywbeth wrthym drwy wrthgyferbynnu un elfen ag un arall o fewn y gwaith. Gall benderfynu, er enghraifft, gosod cymeriad mewn awyrgylch hollol annisgwyl ac anghydnaws ag adnabyddiaeth flaenorol y darllenydd ohono fel a ddigwyddai pe baem yn darllen stori am flaenor capel, parchus, yng nghanol anturiaethau lliwgar, swnllyd, rhyw glwb nos. Byddai'r hyn a oedd gan yr awdur i'w ddweud wedi ei gostrelu yn y ffaith fod y cymeriad a'r cefndir yn gwbl anghydnaws â'i gilydd.

Yn yr un modd yr awgryma cyflwr difrifol aelwyd Meri Ifans i ba raddau y dirywiodd ei hiechyd hithau ar ddiwedd y stori 'Chwiorydd'. Bu Meri'n wraig ddarbodus, ddiwyd, gydol ei hoes, a'i haelwyd yn ddrych perffaith o'i safonau uchel a diwyro. Eithr ar ôl iddi ddechrau gwaelu, bu dirywiad sydyn yng nghyflwr y tŷ ac y mae cyflwr truenus hwnnw yn ogystal ag adlewyrchu gwaeledd a diymadferthedd Meri Ifans, hefyd yn goment deifiol ar natur ac ansawdd cymeriad John Ifans, ei gŵr. Drwy wrthbwyntio un elfen ag un arall o fewn y stori yr aeth y llenor â'r maen arbennig hwn i'r wal.

22

17. A ddefnyddir y dechneg y buwyd yn sôn amdani uchod yn 'Y Tal-
iad Olaf'? Esboniwch yn fanwl beth sy'n digwydd yn y stori a'r
effaith a gaiff hynny ar y darllenydd.

Saernïaeth, Trefniant, Adeiladwaith

Gall dull awdur, o *drefnu* gwahanol elfennau stori, hefyd effeithio ar
ymateb darllenydd. Pe byddai paragraff olaf 'Y Condemniedig', er
enghraifft, yn dod ar ddechrau'r gwaith, ni fyddai unrhyw gyfle i ni
ymdeimlo â'r eironi dwys sydd yn cronni o'i mewn. Ceid yr
uchafbwynt lawer yn rhy gynnar a chwythai'r stori ei phlwc. Ond fel y
mae, symuda'r awdur y camera o un trychineb anorfod i'r llall, gan
gofnodi dirywiad iechyd Dafydd Parri i ni yn ingol fanwl. Cyflyrir ni
i'r fath raddau gan yr anobaith cynyddol nes bod canfod y gall llygedyn
o oleuni dreiddio hyd yn oed i'r tywyllwch eithaf yn ein hysgwyd i'n
sail. Mae rhan o gyfrinach y stori yn ei saernïaeth.

Y mae yr un mor bosibl i nam adeiladol andwyo stori hefyd fel a
ddigwydd pan fetha awdur ag asio'r amrywiol elfennau ynghyd.
Dyma, o bosib, wendid un o storïau enwocaf y Dr Kate Roberts, 'Hen-
aint'. O'u hystyried yn unigol, y mae ei gwahanol adrannau yn gel-
fydd ddigon, a'r ysgrifennu drwyddo draw yn grafog a chyhyrog. Ond
yn union fel nad yw cynhwysion pryd bwyd o raid yn addo gwledd, nid
yw elfennau unigol stori fer ychwaith yn addo campwaith llenyddol.
Daw'r undod pan gysylltir yr elfennau â'i gilydd â gwe arian o wel-
edigaeth, a'r gamp, yng ngeiriau Kate Roberts ei hun, yw peri i'r elfen-
nau 'redeg i'w gilydd fel trôr i fwrdd'. Y mae modd dadlau mai
parhau'n gasgliad o ddarluniau llac eu gwead a wna elfennau'r stori
'Henaint' er gwaethaf pob ymdrech i ieuo'r cyfan ynghyd. Tybed ai
dyna hefyd yw eich barn chi?

Ffaith hynod arall am y stori fer yw y gall rhywbeth cyfrin ddigwydd
o'i mewn unwaith y dechreua'r awdur gysylltu elfennau â'i gilydd.
Bydd dau a dau ar brydiau yn troi yn bump. Rhywsut rywfodd, ceir
dimensiwn i stori fer fel cyfangorff nad yw'n bodoli yn yr elfennau ar
wahân ac nid oes dichon esbonio'r gyfrinach mewn unrhyw fodd. Y
math yma o wyrth yn sicr yw rhan o lwyddiant *Te yn y Grug*, ac
ymdrinir â natur arbennig honno ymhellach ymlaen yn y gyfrol hon.
A ellwch chi feddwl am stori arall a fyddai'n enghreifftio'r nodwedd
yma?

18. A fyddai'r stori 'Newid Byd' (Kate Roberts, *O Gors y Bryniau*) yn
well ynteu'n waeth stori pe bai'r digwyddiad sy'n glo iddi yn
digwydd ar ei dechrau?

Darllen Effro

Ni waeth pa mor eneiniedig yr ysgrifenna awdur, ofer yw'r cyfan onid
yw'r darllenydd yn ddigon sensitif ac effro i allu ymateb i'r cynnyrch.

23

Gall awdur ailadrodd geiriau i bwrpas, creu symbolau trawiadol, neu weu'r gwe hyfrytaf o batrymau brawddegol, eithr oni hyfforddwyd llygaid y darllenydd i ganfod, a'r glust i glywed, erys y geiriau ar wynder y tudalennau mor farw â hoel.

Bwriadwyd Ffigur 1, isod, fel math o arweiniad i'r sawl sy'n dechrau ymateb i grefft y llenor drosto'i hun. Ni fwriadwyd ef fel model o unrhyw fath, dim ond fel cronicl syml o'r math o argraffiadau a all wibio drwy'r meddwl pan fo rhywun yn darllen. A rhag rhoi'r argraff mai rhywbeth oeraidd a chlinigol yn unig yw'r broses honno, dylid, o bosib, ail-bwysleisio mai unig bwrpas dadansoddi yn y pen draw yw ychwanegu at y mwynhad a rydd gwaith llenyddol i ni yn ei lawnder.

Ysgrifennu am Stori Fer, neu *Nouvelle*

Y mae o leiaf dair ffordd o fynd ynghylch ysgrifennu am waith llenyddol:

1. Gellir bras-ddarllen stori, er mwyn casglu beth yw ei chyd-destun, neu ei phwnc, ac yna mynd ati i ddarllen yn helaeth am y maes arbennig hwnnw. Dyma ddull yr ymchwilydd. Os yw gwaith yn ymdrin â maes adolesens, er enghraifft, bydd yn ymgydnabod â phopeth a rydd ddealltwriaeth amgenach iddo o'r cyfnod datblygol hwn, ac i ddeall cyfrol megis *Tywyll Heno* bydd yn pori'n helaeth ym meysydd Diwinyddiaeth, Seicoleg, Athroniaeth, Gwleidyddiaeth, a Hanes. Bryd hynny'n unig yr â ati i ddarllen y stori o ddifrif, gyda'r wybodaeth gefndirol ganddo bellach yn hwylus wrth law.

Gwendid amlwg y ffordd hon o weithio yw y gall yn hawdd ddirywio i fod yn ddim amgenach na chasglu deunydd ar gyfer ysgrifennu traethawd ar y pwnc. Yn ddamweiniol wedyn y bydd yr ymateb hwnnw'n cynnwys unrhyw gyfeiriad at y testun gwreiddiol, yn hytrach na'i fod wedi ei ganoli yn gyfan gwbl ar union gynnwys y gwaith. Mae perygl i ymchwil cefndirol o'r fath fynd yn feistr corn ar y darllenydd yn hytrach na bod yn llawforwyn iddo, yn rhwystr rhagor na chymorth iddo ddirnad dirgel feddyliau'r llenor.

2. Ffordd arall o ymateb i lenyddiaeth yw'r un lle bydd y darllenydd yn gweithio'i ffordd drwy restr gyfeirio, yn union fel masnachwr yn bwrw golwg dros gynnwys seler win, gan nodi'n fanwl y nodweddion wrth iddo daro ar eu traws. Hwn yw dull y cyfrifydd. Y cam nesaf yw archwilio pob nodwedd yn ei thro cyn ysgrifennu amdanynt, yn ddadansoddol drefnus, fesul un. Afraid dweud mai peiriannol a di-fflach, ran amlaf, yw ansawdd y fath ymateb, gan mai'r patrwm sylfaenol yn anad y sylwedd sy'n rheoli natur yr adwaith. Rhwystra'r fformiwla'r darllenydd rhag canfod unrhyw gyd-adwaith rhwng elfennau a'i gilydd, a'i lesteirio rhag dehongli'r gwaith yng ngoleuni ei bersonoliaeth ei hun.

24

3. Nid oes unrhyw reolau na nodweddion sefydlog ynghlwm wrth droedio'r drydedd ffordd. Yma, bydd y darllenydd yn cychwyn darllen stori heb unrhyw ragdybiaeth i liwio'i farn fel y gall y gwaith siarad ag ef yn uniongyrchol â'i lais arbennig ei hun. O'r herwydd, y cynnwys y mae'n delio ag ef, yn hytrach nag unrhyw fformiwlâu, yw sail ei adwaith, gyda'r sawl sy'n darllen yn wastadol effro i'r amryfal awgrymiadau a symbyliadau a rydd yr awdur ger ei fron.

Gan fod pob gwaith llenyddol yn wahanol, bydd pob ymateb agored, gonest, hefyd yn greadigaeth unigol a dilys ynddo'i hun. Bydd yn gynnyrch unigryw gan ei fod yn gymaint adlewyrchiad o gymeriad a syniadaeth y darllenydd ag ydyw o deithi meddwl yr awdur sy'n ceisio cyfathrebu ag ef. Oherwydd, yn ei hanfod, cronicl o ddeialog rhwng un ymwybod ac un arall yw beirniadaeth lenyddol, gyda'r darllenydd yn ymateb yn sensitif i symbyliadau (amlwg a chudd) y llenor ac yn eu parchu. Yn sicr nid â rhestr gyfeirio y mae mynd â'r maen arbennig hwn i'r wal, ac y mae hynny ynddo'i hun yn warant na fydd yr hyn sydd gan y darllenydd i'w ddweud yn adlais o ymateb stoc.

Eithr y cam cyntaf yn unig yw bod y darllenydd yn agor ei galon i rym y gair. Bydd yn rhaid iddo wedyn geisio pwyso a mesur ansawdd yr hyn sydd gan awdur i'w ddweud. Dyma pryd y bydd yn ystyried natur y weledigaeth, y cynnwys, gweithiau eraill tebyg, natur y **genre** a'r holl agweddau eraill ar y grefft y buwyd yn ymdrin â hwy yng nghorff y bennod hon. O weithio fel hyn, y gwaith ei hun rhagor nag unrhyw ffactor arall a fydd yn rheoli'r ymateb a bydd y wybodaeth gefndirol o'r herwydd yn ddarostyngedig i lais uniongyrchol yr awdur. Hon yw ffordd y sawl sy'n caru llenyddiaeth.

Rhywbeth i'w Ddweud

Soniwyd ar ddechrau'r bennod mor gwbl hanfodol yw hi fod gan storïwr rywbeth i'w ddweud. Ni ellir gorbwysleisio hynny. Oherwydd waeth pa mor grefftus a darllenadwy yw stori fer, oni bai bod ganddi rywbeth arbennig i'w amlygu am fywyd, nid oes wahaniaeth rhyngddi a'r ysgrif bapur newydd leiaf cofiadwy. Gweddw crefft heb sylwedd. Y mae stori fer dda felly yn peri i ni aros, ystyried, ac ymateb gyda—'Feddyliais i erioed am bethau y ffordd yna o'r blaen'. Mae'n ymestyn y profiad dynol.

Nid yw hynny'n golygu, fodd bynnag, bod angen i storïwr foesoli a phregethu'n uniongyrchol foel. Yn wir i'r gwrthwyneb. Pan gyffwrdd y moesolwr neu'r gwleidydd â'r cyfrwng, try'r stori'n bropaganda amrwd a cholli ei gwerth. Yn anuniongyrchol y bydd y gwir artist yn cyfathrebu â'i ddarllenydd a chanlyniad naturiol hynny yw fod hwnnw'n llawer parotach i wrando arno. Ein llithio i ymateb a wna, tra bo'r moesolwr â'i daranu digywilydd yn tueddu i godi ein gwrychyn yn ddi-feth.

Nid unwaith yn unig ychwaith y mae'n bosib mwynhau stori fer dda gan yr amlygir haen newydd o weledigaeth ac ystyr o'i mewn bob tro y darllenir hi. Nid syndod hynny, wrth gwrs, o gofio mai bywyd yw grawn melin llenyddiaeth a bod hwnnw ei hun mor gyforiog ac mor gyfoethog. Brwydr barhaol y llenor yw ceisio adlewyrchu'r tryblith a'r trybestod ysblennydd hwn mewn geiriau ac o bosib mai ei hadlewyrchiad o'r frwydr ffyrnig honno yw dilysnod amlycaf y stori fer. A dyfynnu O'Faolain:

> Yn wyneb [y fath] sialens, mae'n rhaid i iaith llenor chwyddo'i foltedd cyffredin a dod, yn yr ystyr lythrennol i'r gair, yn fwy tanbaid, gan ysgeintio haenau newydd o ystyr fel seren ffrwydrol. [26]

Nid rhyfedd felly i'r hen Dywysoges Bibesco alw'r **genre** yn 'seren wib llenyddiaeth'!

CYFEIRIADAU

[1] Kate Roberts, (yr awdur yn ateb cwestiynau ynglŷn â'i gwaith) yn Saunders Lewis (Gol.), *Crefft y Stori Fer* (Llandysul, 1949), t. 13.
[2] Mark Schorer, *The Collected Short Stories of Conrad Aiken* (Efrog Newydd, 1965), t. 8.
[3] Kate Roberts, 'Sut i sgrifennu stori fer', *Lleufer*, III, 1947, t. 3.
[4] R. Dewi Williams, 'Clawdd Terfyn', *Clawdd Terfyn* (Conwy, 1912), t. 20. Rwy'n ddyledus i'r Dr. John Gwilym Jones am yr enghraifft hon.
[5] Gweler llyfr ardderchog Sean O'Faolain, *The Short Story* (Llundain, 1948), tt. 190-1, am ymdriniaeth lawn â'r stori hon.
[6] Frank O'Connor, *The Lonely Voice* (Llundain 1963), t. 105.
[7] Sean O'Faolain, op. cit., t. 192.
[8] Kate Roberts, *Y Byw sy'n Cysgu* (Dinbych, 1956), t. 24.
[9] Kate Roberts, 'Chwiorydd', *Rhigolau Bywyd* (Dinbych, 1929).
[10] John Gwilym Jones, 'Y Goeden Eirin', *Y Goeden Eirin* (Dinbych, 1946), t. 25.
[11] Kate Roberts, 'Y Taliad Olaf', *Ffair Gaeaf a Storïau Eraill* (Dinbych, 1937), t. 49.
[12] Kate Roberts, *Tywyll Heno* (Dinbych, 1962), t. 70.
[13] W. J. Gruffydd, yn Gwenda Gruffydd, *Y Marchog* (Maupassant), Cyfres y Werin, III (Abertawe, 1920), t. xi.
[14] Gruffydd Parry, yn Islwyn Ffowc Elis, *Storïau'r Deffro* (Caerdydd, 1959), t. 89.
[15] Kate Roberts, 'Newid Byd', *O Gors y Bryniau* (Caerdydd, 1925), t. 73.
[16] *ibid.*, t. 67.
[17] J. E. Caerwyn Williams (Gol.), 'Kate Roberts yn ateb cwestiynau'r golygydd', *Ysgrifau Beirniadol* III, (Dinbych, 1967), t. 216.
[18] Daniel Owen, *Enoc Huws* (Wrecsam, 1891), t. 116.
[19] Kate Roberts, 'Y Wraig Weddw', *O Gors y Bryniau* (Caerdydd, 1925), t. 101.
[20] H. E. Bates, *The Modern Short Story* (Llundain, 1972), t. 11.
[21] S. S. Koteliansky a Philip Tomlinson, *The Life and Letters of Anton Tchekov* (Llundain, 1925), t. 79.
[22] Kate Roberts, *Y Byw Sy'n Cysgu*, op. cit., t. 20.
[23] Kate Roberts, 'Dydd o Haf', *Rhigolau Bywyd* (Aberystwyth, 1929), t. 66.
[24] Luc 15. 11, 12.
[25] Luc 15. 18-22.
[26] Sean O'Faolain, op. cit., t. 205.

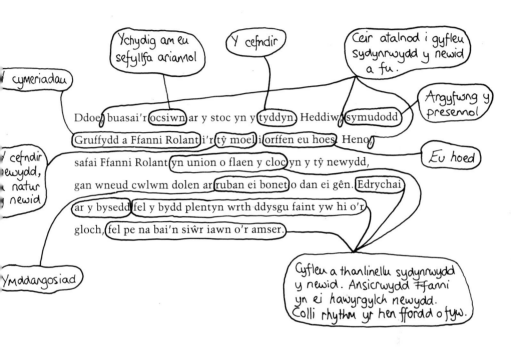

Ychydig am eu sefyllfa ariannol

Y cefndir

Ceir atalnod i gyfleu sydynrwydd y newid a fu.

cymeriadau

Argyfwng y presennol

Ddoe, buasai'r ocsiwn ar y stoc yn y tyddyn. Heddiw, symudodd
Gruffydd a Ffanni Rolant i'r tŷ moel i orffen eu hoes. Heno,
safai Ffanni Rolant yn union o flaen y cloc yn tŷ newydd,
gan wneud cwlwm dolen ar ruban ei bonet o dan ei gên. Edrychai
ar y bysedd fel y bydd plentyn wrth ddysgu faint yw hi o'r
gloch, fel pe na bai'n siŵr iawn o'r amser.

cefndir newydd, natur newid

Eu hoed

Ymddangosiad

Cyfleu a thanlinellu sydynrwydd y newid. Ansicrwydd Ffanni yn ei hawyrgylch newydd. Colli rhythm yr hen ffordd o fyw.

2. YMATEB I STORI FER: 'Y CONDEMNIEDIG'

Wrth ddarllen unrhyw ddarn o lenyddiaeth, yr hyn a wna darllenydd yw cynnal sgwrs bersonol ag awdur y gwaith a'r ymateb hwn, ac ansawdd yr ymateb, yw sylfaen pob beirniadaeth lenyddol. Yn y Saesneg, gan fod y maes hwnnw'n un mor doreithiog, y mae perygl cynyddol bellach i berson gael ei gyflyru gan sylwadau pobl eraill cyn cyrraedd y gair mewn print. Eithr ychydig iawn, ar y cyfan, a fydd wedi ei ysgrifennu ar unrhyw waith a ddarllenir yn y Gymraeg, O'r herwydd, y mae'n dal yn bosibl i ddarllenydd o Gymro brofi'r wefr o ganfod, adnabod, a deall pethau drosto'i hun. Yma, o leiaf, y mae diffyg deunydd beirnadol o fantais addysgol. Yn dilyn, ceir enghraifft o ymateb personol un darllenydd i'r stori enwog o waith Kate Roberts, 'Y Condemniedig'. Y gobaith yw y bydd darllen yr ymson yn rhyw fath o symbyliad i eraill ymateb i'r gwaith hwnnw yn eu ffyrdd eu hunain.

Mae'n debyg mai hon yw stori fwyaf trawiadol y gyfrol *Ffair Gaeaf a Storïau Eraill*, ac fel yn achos sawl stori arall o eiddo'r awdur, hanes creadur unig yw sylfaen y gwaith. Agoriad 'bwrw i'r dwfn', byw, effro, y *genre* ar ei gorau, sydd iddi, heb i'r adroddwr geisio paentio cefndir na rhagymadroddi cyn cychwyn ar y dweud. Mynn Dafydd Parry, am ei fod ofn y gwaethaf, wybod y gwir am ei gyflwr, a chaiff ar ddeall gan ei feddyg, yn ysbyty Lerpwl, 'fod ei achos yn anobeithiol'. Ond hyd yn oed ar ôl y fath ysgytwad (yn union fel yn hanes Ffebi Williams, a oedd yn wynebu math arall o farwolaeth), fe'i goresgynnir gan ludded—daw anghenion naturiol y corff â chwsg i'w ran. Mor aml yng ngwaith Kate Roberts y caiff y meddwl ddihangfa wrth ddiwallu anghenion mwyaf sylfaenol bywyd. Y diwrnod canlynol, caiff Dafydd ddychwelyd adref, ac ar y daith honno, nid ei salwch sy'n ei boeni, meddir, (â sylw sy'n arddangos adnabyddiaeth eithriadol o'r natur ddynol), ond y 'wanc' am gyrraedd gartref'. Y mae fel pe bai'n gadael ei broblemau ar ei ôl yn ysbyty Lerpwl a'i obaith am wellhad yn cryfhau fel y dynesa at ei aelwyd ei hun. Mor hawdd, meddai'r awdur, yw hi i'r meddwl dynol ei dwyllo'i hun.

Erbyn hyn, gŵyr Laura, ei wraig, hithau'r gwaethaf, a'r safbwynt gwrthrychol a ddewiswyd yn fwriadol gan yr awdur yn warant na ŵyr y naill gymeriad gyfrinach y llall. Oherwydd bod ar y meddyg eisiau 'dangos ei glyfrwch i Laura' (meddir mewn tôn ddychanol, bigog), dywedodd wrthi'n blaen nad oedd gwella i'w gŵr a bod barn yr arbenigwr yn union yr un fath â'i farn yntau! Eithr y mae adwaith y wraig yn un tra gwahanol i un ei chymar, ar yr wyneb, o leiaf. Ni chais hi ddianc; gwrthyd dderbyn y ddedfryd, a mynnu brwydro. Eironi'r sefyllfa yw mai dewis ei ffordd ei hun o dwyllo'r hunan a wna hyd yn oed Laura, a'r awgrym yw mai dyma, o bosib, yr unig ffordd a ŵyr y meddwl dynol o ymdopi â phroblemau o'r fath.

Adroddir hanes Dafydd yn dod adref o'r ysbyty i ni â brawddeg gynnil sy'n goferu o ystyr: 'Daeth Dafydd adref fel dyn euog yn dyfod o'r carchar', disgrifiad sy'n cyfuno ymdeimlad o eiddgarwch a thristwch, brwdfrydedd ac euogrwydd â sensitifrwydd eithriadol. Ond y mae'r cartref y dychwela Dafydd iddo, er na fu i ffwrdd ond deng niwrnod, bellach yn ddieithr a phell, a'r tŷ'n edrych fel pe bai'n ddydd Sul, 'er mai dydd Mercher ydoedd'. Ac yn y profiad, ceir cip ar rai o'r themâu sydd mor agos at galon yr awdur, sef y modd y gall byr amser drawsnewid natur ein bywyd yn y byd, a pha mor oddrychol mewn gwirionedd yw ein canfyddiad ohono.

Ar ôl cael Dafydd adref, fe geir Laura, yn naturiol ddigon, fel pe'n gwrthrycholi ei holl obeithion. Edrych ar ei gŵr â llygaid goddrychol, llawn hunandwyll, gan ei weld, o dan ei gofal, yn gwella beunydd. Mewn byr o dro, dechreua Dafydd yntau gael blas ar ddeffro'n hamddenol yn ei wely ei hun a chynnal sgwrs â Laura, uwchben ei frecwast, nes bron ei berswadio na ddigwyddodd undim neilltuol yn ysbyty Lerpwl. Mae'n hawdd i ddyn ei dwyllo'i hun nad oes dim yn bod, meddai'r awdur, onid yw'r dystiolaeth yn union o dan ei drwyn. Pair yr awyrgylch cynhaliol iddo deimlo fel codi a dechrau mynd allan ac yma yr ymdeimlir â'r cyswllt sicr rhwng achos ac effaith sy'n rhedeg fel llinyn arian gydol y gwaith. Y mae hynny'n arbennig o wir am y modd y mae'r awdur yn graddoli'r dirywiad yng nghyflwr iechyd Dafydd Parri. Cyn mynd i Lerpwl 'teimlai'n bur gryf, er bod ganddo boenau', ond erbyn iddo ddod adref yr oedd yn wannach er bod ei anfodlonrwydd yn y gwely 'yn fwy o hiraeth nag o wingo'. Yr hyn a bair iddo wingo ychydig yw clywed y chwarelwyr yn mynd heibio i'r tŷ fore a nos, gan ei atgoffa beunydd o'r bywyd y bu yntau'n rhan ohono un adeg. Gwna hyn iddo feddwl am fwrlwm gweithgarwch y caban, a'r sylw bachog am un o storïwyr y cylch trafod ('yr oedd celwyddau rhai pobl yn fwy diddorol na gwir pobl eraill') yn cynnig glòs bach ychwanegol i ni ar natur cymeriad Dafydd Parri.

Y rheswm arall pam fod y tŷ'n ddieithr iddo (fel pe bai'n ddydd Sul) yw'r ffaith ei fod erbyn hyn yn ei weld yn ystod oriau'r chwarel. Wrth i'w salwch waethygu, culha ei fyd. Bellach, y tŷ yw ei unig diriogaeth a cheir Dafydd Parry (a'r awdur) yn sylwi'n fanwl ar y 'gwahanol gyflyrau yr â tŷ trwyddo o bump y bore hyd ddeg y nos'. Yma, mae'r synhwyrau i gyd ar waith—yn flasu, clywed, gweld ac arogli, a'r paentio cefndir a'r adrodd stori'n cydgerdded â'i gilydd law yn llaw. Rhydd y segurdod hefyd amser i'r claf sylwi'n fanylach arno'i hun a gwêl 'fod ei ddwylo'n mynd yn lanach y naill ddydd ar ôl y llall, a bod y sêm o lwydni llwch chwarel yn diflannu oddi rhwng ei fysedd', manylyn cynrychioliadol a ddefnyddiwyd gan yr awdur o leiaf ddwywaith o'r blaen i gyfleu dwyster gwaeledd.

Yn dilyn, ceir cyfnod byr o ymgryfhau, pan yw Dafydd eto'n medru mynd o'r tŷ i'r caeau am ychydig o dro, a chyfleir ei ymdrechion i ni drwy gyfrwng un arall o'r darluniau goferus y mae'r awdur mor hoff ohonynt: 'Edrychai Laura ar ei ôl, a gweled un ysgwydd iddo'n codi'n uwch na'r llall oblegid y gôt, ac âi i'r tŷ dan ocheneidio'. Effeithia'r hyn a wêl yn fawr ar Laura; ymdreiddia i'w hymwybod (megis i'n hymwybyddiaeth ninnau) gan ei gorfodi, ymhen y rhawg, i wynebu a chydnabod y gwir. Ond parhau'n ystyfnig ei anian a wna Dafydd Parri, a chyfleir ei gyflwr meddwl inni drwy ddweud bod ambell gae yn codi'r felan arno; mae'n osgoi'r rheiny. Mae hefyd yn osgoi pobl, oherwydd bod 'pobl yn holi cwestiynau nad oes ar ddyn sâl eisiau eu hateb'. Nid anodd dianc rhag meddyliau ond byddai siarad â phobl yn golygu geirio a chydnabod syniadau yr oedd yn well gan Dafydd eu hanwybyddu. Mynn ymddwyn felly er ei fod bellach yn rhy wantan hyd yn oed i ddal 'awel fain mis Ebrill'. Ond nid yw ef na'i boenau'n mennu dim ar y fuwch y tu arall i'r clawdd; â bywyd yn ei flaen yn ddidaro, meddir, heb ymwybod o gwbl â thrasedïau personol.

Bellach, Laura (yn hytrach na'r chwarel neu'r aelwyd) yw canolbwynt ei fywyd a dechreua amau tybed a ŵyr hi pa mor ddifrifol yw ei gyflwr? Ond nid yw'n mentro holi rhag gorfod gwrando yr eildro ar y gwir. Yn naturiol ddigon, pair hyn oll i'r meddwl lithro'n ôl i'w dyddiau caru, pan oeddynt yn glòs, ac y mae'r cyswllt syniadol yma mor llyfn a chelfydd â llithro 'trôr i fwrdd'. Ac wrth i Ddafydd ddechrau dadansoddi ansawdd y gyfathrach a fu rhyngddynt, fe sylweddolwn i'r hyn a ofnai Geini yn 'Rhwng dau damaid o gyflath' ac a brofodd Ted ac Annie yn 'Y Golled', ddigwydd yma eto yn eu hachos hwythau:

> Wedi priodi aeth y tyddyn a threfnu byw â'u bryd yn gyfan gwbl, ac yn unol ag arferiad pobl wledig yn aml, tybient nad oedd eisiau dangos cariad ar ôl priodi. Byw yr oedd pobl ar ôl priodi, ac nid caru . . . Ni byddai yno le rywsut i siarad yn gariadus.

Gwasgwyd pob rhamant allan o'u bywyd gan dlodi a chaledi byw, (sefyllfa a ddarlunir yn llawnach yn y nofel *Traed Mewn Cyffion*) a gellir ymglywed â chlaeredd undonog y berthynas ym myfyrdodau'r claf:

> Wrth edrych yn ôl ar eu bywyd, beth oedd ganddynt? Dim ond rhyw fywyd oer, didaro, a chyrraedd uchafbwynt pleser pan geid mis go dda. Ni ddoent yn nes at ei gilydd pan geid cyflog bach. Yn wir, gwnâi mis gwan hwy'n ddisiarad ac yn ddidaro . . .

Erbyn hyn mae'n edifar gan Dafydd iddo adael i amgylchiadau ddiramanteiddio'i fywyd a daw i deimlo (er nad yn ymwybodol Gristnogol) mai yng ngrym ein cariad at eraill y mae ein hunig obaith i orchfygu marwolaeth. Eithr penderfyna wneud iawn am y llymder a fu, a gwerthfawrogi Laura, ar yr union adeg pan yw'r poenau'n cynyddu a'r corff yn prysur lesgáu. Daw, yn eironig, i werthfawrogi trysor prin pan yw 'ar fin (ei) golli'. Mwy eironig fyth, wrth gwrs, yw na ddôi'r fath brofiad i'w ran pe bai'n dal yn holliach, (a'r awdur am i ni sylweddoli mor llawn o baradocsau chwerw-felys yw gwead bywyd). Erbyn hyn, erchwyn ei wely yw terfynau ei fyd, ac yn union fel yr oedd ganddo hiraeth am y chwarel pan ddaeth adref gyntaf o'r ysbyty, hiraetha'n awr am garreg yr aelwyd. Cynydda'i boen ac ni all 'gymryd sylw o bethau o'i gwmpas'—brawddeg sydd fel pe'n cadarnhau eironi'r dymuniad sydd newydd ei wneud. Bellach, ni all godi o gwbl ac y mae'r poenau'n llu.

Ar ôl i'r claf gyrraedd y cyflwr truenus hwn, rhydd yr awdur ddarlun bythgofiadwy inni o ddiwrnod cynhaeaf gwair. Y tu allan, y mae'r cymdogion wrthi'n brysur yn cywain i'r ysguboriau, tra oddi mewn y mae Dafydd Parri ar ei wely angau'n dihoeni. Fel yn stori Maupassant, cyferbynnir llawnder aeddfed mis Gorffennaf â llymder gwely'r claf, ac ymgordedda bywyd a marwolaeth drwy'i gilydd yng nghymysgedd surni salwch ac aroglau gwair. Mae'r holl brysurdeb hefyd yn rhwystr arall rhag i Ddafydd leisio wrth Laura y teimladau sy'n cronni o'i fewn, a chyfleir tensiwn a rhwystredigaethau'r cyfnod i ni drwy gyfrwng rhes o gwestiynau rhethregol. Llaciodd y gwaeledd afael yr hunan-ymwybod ar Dafydd ar yr union adeg pan oedd y cyfle i fanteisio ar hynny'n prinhau!

Wedi i'r llafurwyr ymadael, daw Laura i'r llofft at ei gŵr a cheir y sgwrs a ganlyn rhwng y ddau:

'Laura,' meddai, 'beth sydd?'
'Dim,' meddai hithau, gan droi ochr ei hwyneb tuag ato.
Gafaelodd ynddi, a throdd hi ato, ac yn ei threm fe welodd y wybodaeth a roes y doctor iddo yntau. Aeth ei frawddegau i ffwrdd. Ni allai gofio dim yr oedd arno eisiau ei ddweud wrthi, ond fe afaelodd ynddi, ac fe'i gwasgodd ato, a theimlai hithau ei ddagrau poethion ef yn rhedeg hyd ei boch.

Mae'n debyg mai dyma un o'r darnau mwyaf teimladol yn holl waith Kate Roberts a hynny heb iddi unwaith fynd yn wylofus sentimental. Oherwydd eu hamgylchiadau a'u ffordd o fyw, rhwystrwyd Dafydd a Laura Parri rhag cyfathrebu â'i gilydd. Byw'n fecanyddol a wnaethant a thros y blynyddoedd tyfodd cryn bellter rhwng y ddau. Ar ddiwedd y stori, yr awgrym yw nad drwy eiriau y daw gwir ddealltwriaeth rhyngom a'n gilydd, beth bynnag, ond drwy gyfrwng y greddfau a'r teimladau. Oherwydd, er i frawddegau ymarferedig Dafydd ddiflannu wrth i Laura droi tuag ato, dônt i ddeall ei gilydd. Wrth i Dafydd afael ynddi a'i gwasgu ato, ac wrth iddi hithau deimlo'i 'ddagrau poethion ef yn rhedeg hyd ei boch', daw rhyw ddealltwriaeth rhwng y ddau, sydd y tu hwnt i allu geiriau.

I Kate Roberts, fe olyga defnyddio geiriau labelu pethau a defnyddio'r rheswm. Golyga hynny yn ei dro ddadansoddi, bod yn 'ymwybodol' o bethau, a chyfyngu ar y meddwl. Tyf cyfyngiadau geiriau'n wahanfur rhwng dyn a dyn. Ni cheir y fath broblemau ar lefel y greddfau a'r teimladau; drwy gyfrwng y rhain, gellir esgyn i fyd sydd y tu hwnt i ddirnad geiriau a phrofi rhyw ddiffuantrwydd unigryw sy'n sail i ddealltwriaeth amgenach. Nid yn y stori hon yn unig, ychwaith, y gwelir y thema hon. Fe'i ceir mewn o leiaf un stori arall yn *Ffair Gaeaf a Storïau Eraill*, a hi'n ddi-os yw un o golofnau syniadol prif waith yr awdur, *Tywyll Heno*.

O ran adeiladwaith, y mae 'Y Condemniedig' yn stori hynod raenus. Graddolir y dirywiad yn iechyd Dafydd Parri, ynghyd â'r crebachu a fu ar ei fyd a'i ddeffroad eironig i ogoniannau bywyd-bob-dydd mor ddi-ymdrech feistrolgar. Mae iddi'r fath undod organig gyda phob adran yn camu tuag at y diweddglo anochel yn artistig fwriadus. Ond ni fodlonodd yr awdur ar ddilyn hynt salwch Dafydd yn groniclaidd syml yn unig. Yn hytrach, canfu o fewn y sefyllfa ddiobaith gyfle i wyntyllu ei syniadau unigryw ei hun am fywyd. Ni ellir peidio ag ymglywed ag edmygedd Kate Roberts o ddewrder Dafydd Parri a'i anhunanoldeb yn wyneb cysgod angau. Eithr ei ddewrder eithaf iddi yw iddo ef a Laura lwyddo, ar awr mor ddu, i dorri drwy hualau confensiynau oes i adnabyddiaeth lwyrach o'r naill a'r llall. Adferodd pair poen iddo ei ddynoliaeth a'i urddas fel dyn.

3. Y _NOUVELLE_ NEU'R STORI FER HIR

Amcan y bennod hon yw ceisio clustnodi elfennau amlycaf y _nouvelle_ neu'r stori fer hir. Ond cyn ceisio ymaflyd â'r dasg honno, dylid nodi bod llawer o nodweddion yn gyffredin i'r _conte_, (fel y gelwir y stori fer), a'r stori fer hir. Teg cyfaddef hefyd na fyddai pob beirniad llenyddol o blaid astudiaeth a gais ddiffinio teipiau llenyddol neu **genres**. Ym marn un fel Graham Hough, er enghraifft, bob tro y rhoir cynnig ar lunio diffiniad manwl o'r fath (fel, dyweder, o'r nofel), deuir o hyd i lu o eithriadau llwyddiannus sy'n tanseilio hynny o ymgais yn syth. Ond y mae hyd yn oed Hough yn fodlon cydnabod bod gweithiau a ystyrir yn gyffredinol yn enghreifftiau o **genre** arbennig fel arfer yn rhyw fras-gyffwrdd a bras-gydymffurfio:

> Nid yn aml y mae modd darganfod elfen sy'n gyffredin i bob enghraifft o deip arbennig. Mae enghreifftiau nodedig ymhlith trasedïau a nofelau'r byd sy'n ymwrthod â'r math hwn o ddiffinio. Yn hytrach, canfyddwn grwpiau lle mae gan 'A' rai pethau'n debyg i 'B' . . . Ni allaf feddwl am well ffordd o fynegi'r tebygrwydd na'i alw'n ddebygrwydd teuluol. [1]

Rhydd ysgol arall o feirniaid llenyddol lawer mwy o sylw i'r syniad o **genre** gan gredu bod perthynas agos rhwng ffurf ac ystyr, rhwng y fframwaith a ddewis awdur i'w neges a'r neges ei hun. Un o'r rhai a gred hyn yw'r beirniad Americanaidd, E. D. Hirsch, a ddeil fod y berthynas yn un mor glòs fel y gellid newid ystyr darn o ryddiaith, er enghraifft, o'i ailysgrifennu ar ffurf cerdd. Mae newid y **genre** yn gyfystyr â newid y sylwedd.

Prin, fodd bynnag, y byddai unrhyw un heddiw am ddiffinio ffurfiau mor wyddonol â hynny gan gollfarnu unrhyw waith sy'n meiddio anghydffurfio â'r rheolau set. Ond ychydig hefyd a fyddai'n mynnu nad oes y fath beth â **genres** yn bod, a bod yn rhaid ystyried pob gwaith yn annibynnol a diwreiddiau. Y ffaith amdani yw i deipiau neu 'deuluoedd' llenyddol ddatblygu a magu bras nodweddion, ac er bod pob gwaith i ryw raddau'n unigryw, y mae'n beth digon naturiol i'r darllenydd llengar fod eisiau cymharu'r hyn sydd o'i flaen â gweithiau tebyg, wrth geisio ymateb. Nid oes amheuaeth ynghylch barn y Dr Kate Roberts ar y pwnc:

> Hyd y gwelaf i, ni ellir estyn stori fer i fod yn stori fer hir ac ni ellir crebachu nofel i fod yn stori fer hir ychwaith. [2]

Iddi hi y mae i bob ffurf ei theithi arbennig ei hun.

Gellir dadlau, felly, nad ffolineb afradus yw credu bod gwerth mewn ceisio manylu ar nodweddion y stori fer hir, [3] ac ni ellid gwell man cychwyn i unrhyw ymgydnabyddiaeth â'r ffurf na rhagymadrodd T. Pugh Williams i _Romeo a Jwlia'r Pentref_:

Gall y nofel loetran, edrych o'i chwmpas ac adlewyrchu cefndir oes neu wareiddiad cyfan. Dangos adwaith ei gyfnod ar ei brif gymeriad yw tasg y nofelydd. Y mae'r *Novelle* [fel y gelwir y stori hir yn yr Almaen] yn llai cwmpasog, y mae'n croniclo adwaith un digwyddiad arbennig, tynged-fennol ar un cymeriad, neu grŵp o gymeriadau. Nid oes o fewn ei therfynau le i ddim nad oes ganddo gysylltiad uniongyrchol â'r dig-wyddiad canol, yr hwn y mae popeth yn cyrchu tuag ato ac yn deillio ohono. Trwy ddewis ei ddigwyddiad a dangos perthynas ei gymeriadau ag ef, gall yr awdur wneud ei *Novelle* yn sumbol trawiadol o'r pwerau sydd er da neu er drwg yn rheoli bywyd dyn ar y ddaear. A dyna a geir yn *Novellen* gorau yr Almaen trwy'r bedwaredd ganrif ar bymtheg, cywas-giad o drueni neu orfoledd, o drasiedi neu gomedi bywyd i un digwydd-iad arwyddocaol, mewn un cylch arbennig.[4]

Undod

Nodir yma o leiaf dair o nodweddion sylfaenol y **genre.** Yn un peth, y mae'n undod clwm sy'n 'croniclo adwaith un digwyddiad arbennig, tyngedfennol ar un cymeriad',[5] ac ystyrir y nodwedd hon yn un ganolog yng ngolwg mwyafrif y beirniaid a roes ystyriaeth arbennig i'r ffurf. Ar waetha'r amrywiaeth termau, yr un yw ystyr 'digwyddiad arbennig, tyngedfennol' T. Pugh Williams, 'episod trawiadol' Paul Heyse,[6] 'moment arbennig' Roy Pascal[7] a 'digwyddiad trawiadol, tyngedfennol' E. K. Bennet.[8] Pwysleisio undod organig y *genre* a wna pob un yn ei dro o'i gymharu ag adeiledd mwy gwasgaredig ffurfiau eraill. *Un* prif ddigwyddiad a geir mewn *nouvelle, un* episod neu foment sylfaenol, *un* prif awyrgylch neu fŵd, *un* thema sylfaenol, ac *un* prif gyfeiriad. Yn hyn o beth, y mae'r ffurf yn debyg iawn ei gwneuthuriad i'w chwaer, y *conte.*

Ond nid yr un yn hollol yw'r undod y sonnir amdano yma â'r undod sydd i'w gael mewn stori fer. Yn y ffurf honno, unoliaeth o fewn un uned sylfaenol a geir, eithr yn y stori fer hir ceir digon o libart i'r gwaith ymrannu'n nifer o elfennau llai. Nid oes ynddi, fodd bynnag, 'le i ddim nad oes ganddo gysylltiad uniongyrchol â'r digwyddiad canol', a thynn bron pob beirniad ein sylw at ryngddibyniaeth yr amrywiol elfennau hynny ar ei gilydd. Dyma, yn sicr, a oedd ym meddwl Bennet wrth iddo wneud ei ddatganiad graffig enwog:

> Y mae'r *Novelle* yn llinell sy'n symud ar ffurf cylch o gwmpas canol-bwynt sefydlog, ac ni all dynnu ei llygaid oddi ar hwnnw nes bod y cylch yn gyflawn. Mae'r *Novelle* yn adrodd hanes bywyd yr arwr mewn perthynas â rhyw bwynt neu sefyllfa sefydlog.[9]

Mewn creadigaeth o'r fath y mae cyswllt yr elfennau â'i gilydd yr un mor glòs ag a fyddent mewn stori fer.

Gwybodaeth Lawnach

Ond, er tynned ei gwead, y mae'r stori fer hir, o raid, yn fwy 'cwmpasog' ei naws na'r stori fer. Y 'canolbwynt sefydlog' ei hun yw hanfod y *conte*; tuedda o'r herwydd i ganoli ar y weithred foel. Ond y mae i'r *nouvelle* ei 'chylch' o gwmpas y 'canol' yn ogystal, a chaiff yr awdur o'r herwydd well cyfle i fedru adrodd mwy. Caiff gyfle i baentio llawnach cefndir a chymeriad gan ei gwneud yn haws i'r darllenydd gloriannu cymeriadau a gweithredoedd yn ei dro. Dyma, mae'n debyg, oedd ym meddwl O'Connor wrth iddo haeru y rhydd y *nouvelle* wybodaeth helaethach i'r 'dychymyg moesol' weithio arno nag a geir o fewn y stori fer.

Bywiogrwydd a Chyffro

Nid yw iaith y *nouvelle* mor 'gwmpasog' ag iaith y nofel fel nad oes amser o gwbl i edrych o gwmpas a 'loetran'. Nid oes amser ychwaith i athronyddu ar droeon bywyd; ymhlyg yn y gwaith y mae'r hyn sydd gan awdur i'w ddweud. Y llymder cymharol hwn a wna iddi ymddangos mor fywiog a chyflym ei symudiad a hynny'n ei dro yw sail y gred ymysg rhai beirniaid fod elfen gyffrous, annisgwyl yn perthyn i'r ffurf. Eithr ni olyga hynny y gall fforddio ffantasïo'n ddi-benyd, a throi cefn yn ddifeddwl ar ddyrys broblemau'r byd. Oherwydd ni all y *nouvelle* mwy na'r *conte* ddal unrhyw ymyrraeth annidwyll; nid yw ystumio bywyd yn gydnaws â theithi'r naill gyfrwng na'r llall.

Iaith

Daw peth o fywiogrwydd y ffurf o natur yr iaith a ddefnyddia; fel gyda'r *conte* y mae'r dweud yn awgrymog a byw. Os yw nofelydd yn gweithio â pharagraff, arfau awdur y *Nouvelle* ydyw'r frawddeg a'r gair mwys. Nid rhyfedd felly i'r ffurf ar ei gorau ymylu ar dir barddoniaeth ac i Moore haeru bod yn well gan awdur stori fer hir y symbolaidd na'r gwrthrych diriaethol.

Effaith y fath gywasgu o fewn fframwaith mor gyfyng yw peri i'r digwyddiad canolog fod yn ddramatig gryf a chofiadwy a hynny a barai i Heyse haeru mai hon yn ddiamau oedd nodwedd amlycaf y ffurf:

> Swyn arbennig y ffurf lenyddol hon yw bod y weithred ganolog yn cael ei hamlinellu'n glir o fewn fframwaith cyfyng . . . Mae hyn yn ei gwneud yn wahanol i'r nofel sy'n cynnig i'w darllenwyr orwelion lletach a phroblemau cymeriadol mwy amrywiol.[10]

Adleisiwyd y farn gan aml i feirniad arall a dyma'n sicr oedd tarddiad sylw Moore nad damwain yw byrder y *nouvelle* 'ond dull bwriadol o gynyddu ei grym'.[11]

Casgliad terfynol Heyse oedd fod elfen gofiadwy yn rhan annatod o'r cyfrwng, a byddai'n tafoli pob enghraifft ar sail y cwestiwn a ganlyn:

> A oes gan y stori hon *silhouette* cryf a fyddai, pe mynegid amlinelliad ohono mewn byr eiriau, yn creu effaith (fel y gwna cynnwys stori'r hebog yn y *Decameron*, a adroddir mewn pum llinell), ac yn ei serio'i hun yn ddwfn ar y cof? [12]

O'r herwydd tybiodd ei ddilynwyr bod symbol diriaethol yn elfen hanfodol mewn stori dda. I T. Pugh Williams, er enghraifft, â 'symbol trawiadol' yn unig y gwneid unrhyw brofiad yn gofiadwy tra credai Schlegel mai'r *nouvelle* symbolaidd oedd 'uchafbwynt a ffrwyth perffeithiaf yr holl *genre*'. Nid arddelai neb y fath syniadau heddiw gan y derbynnir bellach mai un math o stori'n unig yw stori symbolaidd. Serch hynny, byddai rhai yn dadlau o hyd bod gweithiau fel hyn yn atseinio'n hwy yn y cof. Ar ôl darllen *Tywyll Heno*, tybed ai dyna hefyd fydd eich barn chi?

Adeiledd

Wrth ddarllen gwaith fel *Te yn y Grug*, daw'n amlwg nad drwy gydosod elfennau yn unig y mae llunio *nouvelle*. Rhaid hefyd wrth weledigaeth gref i asio'r cyfan ynghyd. 'Canolbwynt' y gwaith yw'r cyfnod o newid a wyneba Winni a Begw a'r storïau unigol (sy'n dilyn pangfeydd y 'cau drysau' ar ddedwyddwch plentyndod) yw ymyl 'llinell' a 'cylch'. Ar un wedd, mae pob stori o'i fewn yn annibynnol a chyflawn —rhydd pob un foddhad esthetig llwyr yn ei thro. Ond mae perthynas hefyd rhwng y gwahanol storïau; y maent i gyd yn rhan o gynllun artistig mwy. Felly, er bod modd darllen 'Te yn y Grug' fel stori unigol, wrth i ni ddarllen am dwf edmygedd Begw o Winni (er gwaethaf y bwlch cymdeithasol sy'n bodoli rhwng y ddwy), y mae dwyn i gof ei pherthynas â Mair barchus, gysetlyd stori'r 'Pistyll' yn ddiamau'n cyfoethogi'r ymateb. Ac yng nghysgod croesdyniadau cydwybod Begw down ninnau i sylweddoli nad rhywbeth syml yw adnabod a chysoni da a drwg yn y byd.

Wrth ei ystyried fel cyfangorff yn unig y gwerthfawrogir pa mor gymen a symetrig yw adeiledd y gwaith. Ar ei gychwyn, profa Begw gleisiau cyntaf bywyd ar y daith anorfod o wynfyd cymharol plentyndod tua chymhlethdod bywyd y person hŷn, ac yn ei hymwneud â'i brawd mawr, Robin, a Wini, caiff ragflas o'r math o brofiad sydd yn ei haros hithau. Eithr ar ddiwedd y gwaith Begw ei hun sy'n sefyll lle bu Wini gynt, ar ysgol bywyd, tra bo Rhys, ei brawd bach, bellach yn sefyll lle gynnau 'roedd hi. Aeth yr amser y daethpwyd yn ymwybodol ohono gyntaf yn 'Marwolaeth Stori' yn ei flaen yn ddidostur, ac ni allod Begw, (na neb arall) wneud fawr yn ei gylch, nac elwa odid ddim ar y profiad.

Y mae modd ymateb i'r gyfrol, felly, mewn mwy nag un ffordd. Ar un wedd, mae pob un stori'n gyflawn ynddi'i hun ond, o'u cysylltu â'i gilydd, ceir thema i'r gwaith nad yw'n bod yn yr elfennau ar wahân. Yn union fel na allai Wini a Robin fod o gymorth i Begw gyda'i phroblemau hi, ni all Begw ychwaith gynnig unrhyw help llaw i Rhys wrth iddo wynebu ei ddyfodol yntau. I Kate Roberts, llwybr unig yw llwybr bywyd a'r teithiwr unigol yn unig a all benderfynu ei dynged ei hun. Mae'n rhaid i Begw felly, fel pawb arall, 'sefyll ar ei sodla ei hun' heb gymorth unrhyw ganllaw o unman. Pe bai angen tystiolaeth i brofi mai stori fer hir yw'r gwaith, hon yw hi. Y mae'n brawf diymwad i'r awdur droi'n fwriadol o faes cyfyng y stori fer i fanteisio ar ryddid ehangach y stori fer hir.

Y mae penderfyniad artistig o'r fath yn arddangos dealltwriaeth arbennig o natur a gofynion y deunydd crai, a gellir haeru mai hynny, yn anad dim arall, sy'n pennu dewis llenor o *genre*. Y mae'n haws deall arwyddocâd hynny, o bosib, wrth ystyried cyfrol fel *Stryd y Glep*. Fel stori fer, byddai'r hanes hwnnw'n cychwyn fymryn cyn yr uchafbwynt—ymweliad Miss Jones, ar ddiwedd y gwaith; yr argyfwng fyddai'r stori, ac, o'r herwydd, ni châi'r awdur fawr o gyfle i wneud cyfiawnder â holl gymhlethdod ei bwnc. Wrth ddewis y cyfrwng a wnaeth sylweddolai Kate Roberts mai 'datblygiad llawnach . . . arafach' y stori fer hir yn unig a alluogai iddi ddilyn hynt 'pererindod trwy ogof yr hunan' Ffebi Beca.[13] Fel hyn y gellid cyfleu orau'r cyfnod pan na allai Ffebi adnabod ei gwneuthuriad ei hun, y cyfnod diweddarach, pan fynnai ei thwyllo ei hun ynglŷn â'i natur, yn hunangyfiawn, smyg, a'r cyfnod pellach o sylweddoli araf a phoenus fod da a drwg o'i mewn hithau. Ffurf y *nouvelle* yn unig a roddai ddyfnder ac urddas i argyfwng yr wynebu anorfod sy'n graidd i'r gwaith. Canlyniad y dewis yw nad gwraig ganol oed yn moethus fyfyrio ar broblemau ei henaid a geir, ond arteithiau ingol brwydr fewnol un a orfodir (yn raddol) i ddod i delerau â'i natur ffaeledig hi ei hun. 'Gwawr o oleuni' sydd yma, ac nid goleuni 'seren wib'. O ddefnyddio fflach sythweledol y *conte*, trawsnewidid y stori'n brofiad tra gwahanol, ac ni fyddai hwnnw cystal adlewyrchiad o'r croesdynnu a fu ag a gaed yn *Stryd y Glep*.

Nid yr un fyddai'r gwaith ychwaith pe chwyddid ef yn nofel. Un o liaws a fyddai Ffebi wedyn a chollid golwg arni yng nghanol manylder cymhleth y darlunio ehangach. Byddai'n rhaid hebrwng John a Joanna ar eu gwyliau i Blackpool, gwrando ar ddadleuon a chroesholi Miss Jones a Dan, darganfod cefndir teuluol Enid, a chymryd cip hyd yn oed ar ramantu Doli a'i gŵr. Diflannai Ffebi Beca yng nghanol y niwl cymdeithasol ac âi'r gwaith, o'r herwydd, yn gruglwyth aflunaidd a blêr. O ddewis ffurf y *nouvelle*, fe gedwir y 'dweud' yn gwlwm clòs, a rhydd Ffebi, 'adroddwr' yr hanes, yr unoliaeth gweledigaeth, cyfeiriad a phwnc sydd yn gweddu i'r stori fer hir. Cyfunwyd rhyddid â disgyblaeth, a gwyddai Kate Roberts yn reddfol mai dyma'r 'wisg orau' i'r weledigaeth arbennig hon.

Uchafbwynt y stori fer hir Gymraeg hyd yma yw *Tywyll Heno* ac ni ellir ond rhyfeddu at gymendod saernïol y gwaith. Egyr gyda hanes enciliad Bet Jones i ysbyty meddwl o ŵydd pechodau ei hoes. Yn yr un man y mae hefyd ar glo'r gwaith ond iddi bellach allu wynebu, a derbyn anorfodedd brychau'r byd. Ac wrth iddi godi o bwll anobaith sylweddola Bet ei bod hithau hefyd yn aelod o hil ffaeledig Adda. Mewn adolygaid yn *Lleufer*, y mae Mr Islwyn Ffowc Elis yn amau undod mewnol y gwaith gan ddadlau:

> . . . nad oes lle i'r 'Sanhedrin' weddol faith yn y bwthyn mewn stori fer hir fel hon, yn enwedig gan nad oedd y trafod hwnnw'n cyfrannu'n uniongyrchol at salwch y wraig. Mae'n swnio braidd yn debyg i 'nifer o sylwadau gan yr awdur ar gyflwr crefydd a'r Eisteddfod heddiw'.[14]

Y mae'r Dr Meredydd Evans hefyd, mewn adolygiad arall, er yn cytuno mai ymchwil Bet i'w hargyfwng eneidegol yw prif thema'r gwaith, yn haeru nad yw 'mân-helyntion y capel yn ddim ond cefndir i hwnnw'.[15] Ni ellir cytuno â sylwadau yr un o'r ddau.

Un weledigaeth gynhwysfawr yw sylfaen *Tywyll Heno* a honno'n asiadau clòs o achos ac effaith. Ni all Bet fynd am dro i'r wlad, er enghraifft, am fod yno ormod o greulondeb. Mae felly yn gaeth i'w thŷ. Canlyniad hynny yw bod ganddi fwy o amser i feddwl, a 'meddwl' yw gwreiddyn ei holl broblemau! Pan fentra allan i gyn-hyrchu drama yn y capel wedyn, fe'i hwynebir un gyda'r nos gan ei mab ei hun ym mreichiau merch ddigon anghynnes, a phobl ifanc yr ardal wrthi'n amharchu'r festri. Rhydd y gorau i'r cynhyrchiad ac fe'i gyrrir yn ôl i'w charchar dirdynnol gan natur ddifaol ein byd.

Profiad prin yw dod ar draws cydblethu artistig o'r fath ac, wrth gwrs, pinacl dawn eithriadol yw *Tywyll Heno*. Y mae'r cyfuniad elfennau sy'n sail i'r cyfan, felly, cystal ag undim i grisialu prif nodweddion y stori fer hir. Sylfaen yr holl waith yw gweledigaeth danbaid y storïwr ac fe'i costrelwyd o fewn ffurf a weddai'n berffaith i ddawn un a deimlai fod 'cynfas y stori'n rhy fychan' ond a synhwyrai yr un pryd y byddai cynfas rhy eang yn pylu a chlaearu'r weledigaeth honno. Fe adnabu Kate Roberts fanteision ffurf ganolog y *nouvelle*—gan wybod mai dyma'r cyfrwng a roddai iddi'r cyfle i briodi ei math hi o weld â'r rhyddid i ymchwilio a phrocio'n ddyfnach:

> . . . teimlo yr wyf fod cynfas y stori fer yn rhy fychan imi ddweud pob dim sydd arnaf eisiau ei ddweud am fywyd. Mae bywyd wedi mynd yn fwy cymhleth ac mae'r gorwelion wedi ymledu i bawb ohonom. O'r blaen bodlonwn ar edrych ar ddarn bychan o fywyd, a bywyd rhywun arall bron bob tro . . . Credaf fy mod yn y blynyddoedd diwethaf hyn wedi rhoi mwy o le i'm profiadau i fy hun . . .[16]

Coron yr holl saernïo bwriadus yw perthynas yr amrywiol elfennau â sylfaen syniadol y gwaith. Troi yn yr unfan yw hanfod y salwch a bortreadir ac, o'r herwydd, ffurf droellog, ferddwraidd a ddewiswyd gan yr awdur i wyntyllu'r pwnc. Y mae'r briodas yn un mor ddelfrydol fel y temtir un i gytuno, am unwaith, â safbwynt E. D. Hirsch.

Ar nodweddion technegol y *nouvelle* y bu'r chwilolau gydol y bennod hon, yn gymaint felly fel nad drwg o beth fyddai ein hatgoffa ein hunain mai gweddw unrhyw ffurf heb ei sylwedd. Addurn diystyr, gwag yw unrhyw *nouvelle* heb fod ganddi rywbeth arbennig i'w ddweud ac yn ei lyfr diddorol *The Birth of a Story* pwysleisia'r awdur, William Sansom, pa mor sylfaenol bwysig yw ansawdd y wledigaeth honno:

> Broadly, I sometimes look at my own experience of life and think: I have known this large emotion, that base fear, this sense of envy, and so on. All are subjects I would like to express in a story. Then round about that time, or even years earlier, I would have been most impressed by a certain landscape, or house, or room —angles of its light, grades of its colour, essences of its smell, altogether its sensuous presence: and the mind's notebook will have it engraved for future use somewhere, at some time. *Then comes one of those days of visionary excitation—I see, perhaps in a bus, perhaps on a station platform, some small or large human action which suddenly seems extraordinarily, deliriously significant.* [17]

I Sansom, nid 'syniad' ond gweledigaeth yw tarddiad stori, a'r awgrym pendant yw bod perthynas uniongyrchol rhwng ansawdd y weledigaeth honno ac arwyddocâd artistig pob gwaith. Y mae cystal ag undim hefyd i'n hatgoffa mai crefft gyfannol yn hytrach nag un ddarniol yw beirniadaeth lenyddol ac mai yng nghydberthynas elfennau â'i gilydd (yn hytrach nag mewn elfennau unigol) y mae ein pennaf diddordeb ni.

Wrth gymharu'r *nouvelle* i gylch o gwmpas canolbwynt sefydlog (sef y thema), llwyddodd Bennet i grisialu hanfod y stori fer hir. Cyflea'r darlun ryngberthynas y gwahanol elfennau â'i gilydd i ni yn gryno gofiadwy; ac er i O'Connor ddewis delwedd wahanol i drafod y maes, yr un yn y bôn yw ei syniad yntau hefyd am natur y *genre*. Wrth geisio trafod y ffurf, byddai'r olaf bob amser yn gofyn dau gwestiwn byr iddo'i hun:

> 1. A ellir ymdrin â'r syniad mewn un olygfa sydyn, gan gyfuno'r syniad sylfaenol â'r datblygiad? (fel sy'n digwydd mewn stori fer), neu
> 2. A oes rhaid neilltuo'r 'testun' i'r ychydig baragraffau cyntaf ac yna defnyddio tair neu bum golygfa i ddatblygu hwnnw? (fel yn y *nouvelle*). [18]

Mae'n amlwg ddigon mai'r un cysyniad, yn ei hanfod, a ddynoda 'canolbwynt sefydlog' a 'testun' ar y naill law a 'pum golygfa' a 'cylch' ar y llall. Cyplyser y syniad hwnnw wedyn â phwyslais cyson Heyse ar y cofiadwy, a dyna i ni gystal llinyn mesur â'r un i fynd i'r afael â gofynion arbennig y stori fer hir.

19. Defnyddiwch y meini prawf uchod i ymdrin ag un neu ragor o'r gweithiau llenyddol a grybwyllwyd yn y bennod hon. A fyddech chi'n cytuno â'r farn oddrychol, bersonol a leisiwyd yn yr ymdriniaeth?

CYFEIRIADAU

[1] Graham Hough, *An Essay on Criticism* (Llundain, 1966), t. 86. Gweler hefyd y diffiniad o *genre* a geir yn Rene Wellek ac Austin Warren, *Theory of Literature* (Llundain, 1949), t. 241.
[2] Kate Roberts, *Cyfansoddiadau a Beirniadaethau*, Eisteddfod Genedlaethol 1940 (Aberpennar), t. 160.
[3] Ceir ymdriniaeth â nodweddion y stori fer yn *Lleufer*, XXVI, 1, 1974—75, tt. 29-38 a *Lleufer*, XXVI, 3, 1975—76, tt. 8-13.
[4] Gottfried Keller, *Romeo a Jwlia'r Pentref*, cyf. T. Pugh Williams, (Caerdydd, 1954), t. 10.
[5] Mae'n debyg mai'r gair 'effaith' a ddefnyddiem ni heddiw i gyfleu ystyr 'adwaith' yn y cyd-destun hwn.
[6] Paul Heyse, *Deutscher Novellenschatz* (Munchen, 1871).
[7] Roy Pascal, *The German Novel* (Manceinion, 1956), t. 65.
[8] E. K. Bennet, *A History of the German Novelle* (Caergrawnt, 1934), t. 4.
[9] E. K. Bennet, ibid., t. 6.
[10] Paul Heyse, op. cit.
[11] W. G. Moore, *French Achievement in Literature* (Llundain, 1969), t. 85.
[12] Paul Heyse, op. cit.
[13] John Rowlands, 'Llenyddiaeth yn Gymraeg', yn Meic Stephens (Gol.), *Y Celfyddydau yng Nghymru 1950-75* (Caerdydd, 1979), t. 194.
[14] Islwyn Ffowc Elis, 'Tywyll Heno', *Lleufer*, XVIII, 4, t. 180.
[15] Meredydd Evans, *Taliesin*, 8, t. 100. Gweler J. E. Caerwyn Williams (Gol.), *Ysgrifau Beirniadol*, VII (Dinbych, 1973), tt. 184-208, am ymdriniaeth lawn â *Tywyll Heno*.
[16] Bedwyr Lewis Jones a R. Gerallt Jones (Gol.), *Yr Arloeswr*, Sulgwyn 1958, t. 19.
[17] William Sansom, *The Birth of a Story* (Llundain, 1972), t. 17.
[18] Frank O'Connor, *The Lonely Voice* (Llundain, 1963).

4. DWY CHWAER—STORI FER A *NOUVELLE*: 'Y GOEDEN EIRIN' A *DEIAN A LOLI*

Nid yn aml y deuir ar draws dau waith mewn dau *genre* yn ymdrin â'r un pwnc. Eithr dyna a gafwyd pan ysgrifennodd Kate Roberts 'Yr Enaid Clwyfus' a *Tywyll Heno*. Ceir yr un gyfatebiaeth eto rhwng 'Y Goeden Eirin', John Gwilym Jones, a *Deian a Loli*, Kate Roberts. Yn y naill gyfuniad a'r llall, cawn stori fer a stori fer hir. Bwriad y bennod hon yw achub ar y cyfle a rydd cyd-ddigwyddiad o'r fath i lifoleuo rhai agweddau sy'n gyffredin i'r ddwy ffurf, ynghyd ag ambell nodwedd sydd yn wahanol.

Astudiaeth o arwahanrwydd anorfod dyn yn y byd a geir yn 'Y Goeden Eirin' a *Deian a Loli*, a bwriad y ddau awdur yw arddangos na all hyd yn oed efeilliaid osgoi tyfu'n fodau unigryw, cwbl ar wahân. Ond er mai'r un man cychwyn sydd i'r ddwy stori, y mae cryn wahaniaeth yn y modd y datblygwyd y syniad gan yr awduron. Daw hynny'n amlwg hyd yn oed wrth ddarllen agoriad y ddau waith:

> Dau efell oedd Deian a Loli, yn byw mewn tyddyn bach o'r enw Bwlch y Gwynt, ar ochr Moel y Grug. Fferm fechan yw tyddyn, ac mae'n rhaid i dad y plant sy'n byw yno fynd i'r chwarel, neu rywle arall, i ennill pres. Pan oedd taid Deian a Loli'n fachgen nid oedd yr un Bwlch y Gwynt ar y mynydd. Yno, ar noswaith oer—ie, ond ni waeth sut noson oedd hi—y ganed Deian a Loli . . .[1]

> Mae Wil, fy mrawd, a minna'n ddau efaill. Yr un amser yn union y'n cenhedlwyd ni, ac yn yr un lle a chan yr un cariad a'r un nwyd. Yr un bwyd a fwytâi mam i'n cryfhau ni'n dau, a'r un boen yn union a deimlai wrth ein cario ni; yr un amser yn union y symudasom ni'n dau, a'r un adeg yn union y'n ganed ni.[2]

Rhydd y ddau awdur wybod i ni pwy yw cymeriadau'r storïau yn syth; ond ar ôl dweud hynny'n swta, symudir y camera oddi arnynt yn y *nouvelle* i ddilyn ysgyfarnogod megis ystyr 'tyddyn' a hanes cychwyn Bwlch y Gwynt. Bryd hynny'n unig y deuir yn ôl i sôn am eni Deian a Loli, a hyd yn oed wedyn ni all yr adroddwr ymwrthod â'r ysfa i ymson am ansawdd y tywydd. Yn dilyn, ceir gair neu ddau am y fam a'r crud pren a roes loches i'r newydd-ddyfodiaid; ar ôl hynny'n unig y rhoddir rhywfaint o sylw i debygrwydd honedig yr efeilliaid:

> Ni wn pwy a roddodd yr enw Deian a Loli arnynt: tyfu gyda hwy a wnaeth, am wn i . . . Nid oedd dim byd neilltuol ynddynt, ac nid oedd dim gwahaniaeth rhyngddynt, mwy nag mewn cywion 'deryn bach ar y cychwyn.

Rhoir prif thema'r gwaith i ni'n gryno dwt yn y frawddeg sy'n dilyn:

> Ond ni bu raid i'w mam drotian llawer hyd y tŷ cyn gweled bod llawer o wahaniaeth rhyngddynt, a llawer o debygrwydd ynddynt.[3]

Mae'r awdur am ddilyn twf a datblygiad dau o gyffelyb gefndir o'r cyfnod pan oeddynt megis un cymeriad cyfansawdd hyd at gyfnod trist y gwahanu anorfod.

Ceir cip ar y cyfnod gwynfydaidd cynnar yn y drydedd bennod pan ddisgrifir eu hymweliad cyntaf â'r ysgol ddyddiol:

> 'Beth ydi'ch enw chi?' ebe'r athrawes. 'Deian a Loli,' ebe'r ddau gyda'i gilydd. Clywsai'r ddau y ddau enw ar yr un gwynt bob amser nes myned i feddwl mai'r ddau enw gyda'i gilydd oedd enw pob un ohonynt. [4]

Yma, ymddengys y naill megis adlewyrchiad o'r llall ond gŵyr y darllenydd i'r broses o ymwahanu gychwyn eisoes. Tra bo Loli'n breglian, 'roedd Deian yn fud. Ymddengys Loli'n eofn a chroendew a Deian yn sensitif, groendenau. Mae hi'n fyrbwyll (megis yn ei hawydd i ruthro i ben y mynydd) ac yntau'n bwyllog. Ffeithiau yw bara beunyddiol Deian a gorfoda ei gysactrwydd iddo fynnu waliau syth i'r 'tŷ bach'. Eithr cryfder Loli yw ei dychymyg; trwy 'ffydd' y dysgodd rifyddeg, a phwysicach o'r hanner nag adeilad cymesur oedd cael mwsog ar y llawr a waliau'n 'cwafrio'.

Gyda threigl amser, amlha'r gwahaniaethau, fel nad syndod y gwahanu ar ddiwedd y gwaith, ddiwrnod canlyniadau arholiad yr Ysgol Sir:

> Aeth rhai misoedd heibio, a rhyw nos Sadwrn ym mis Mehefin daeth Josi'r Manllwyd â'r newydd fod Deian wedi ennill scolarship . . . Deian oedd yr unig un o'r ardal honno i gael ysgoloriaeth. Ni ddangosodd neb lawer o lawenydd ym Mwlch y Gwynt o achos Loli. Gwyddent pa mor agos i'r wyneb y cadwai hi ei dagrau. Fe ddywedodd Elin Jôs un peth chwithig iawn: 'Wel, 'does dim i 'neud ond i Loli fynd i weini at Magi i Lundain,' ebe hi. Ond yr oedd cryndod yn ei llais wrth ei ddywedyd. 'Tydw i ddim am fynd i'r ysgol ganolraddol,' ebe Deian. 'Mae'n rhaid iti fynd,' ebe Loli. A sylweddolodd Loli am y tro cyntaf na ellid eu galw yn 'Deian a Loli' ar yr un gwynt am lawer o amser eto. [5]

Daeth y rhawd i'w anochel glo.

Yr un math o ddatblygiad a geir eto yn 'Y Goeden Eirin'. Ar ôl agoriad sy'n serio unoliaeth Wil a Sionyn ar ein hymwybod â'i fwrlwm geiriol, daw paragraff tebyg iawn, o ran sylwedd, i hanes ymweliad cyntaf Deian a Loli â'r ysgol fach:

> Am flynyddoedd 'wyddwn i ddim fod yna wahaniaeth rhyngom ni. Wil oedd Sionyn a Sionyn oedd Wil. 'Sionyn, ty'd yma,' meddai mam, a Wil yn rhedeg ati nerth ei draed. 'Paid, Wil, y gwalch bach,' meddai nhad, a minnau'n peidio'r munud hwnnw . . . [6]

Ac yn union fel y mae Kate Roberts yn defnyddio ambell ddigwyddiad arwyddocaol i raddoli'r ymddatod, ceir John Gwilym Jones yn gwneud defnydd o achlysuron megis yr ymweliad â Bronallt i weld Fôn bach yn ei arch i'r un diben yn gymwys. Ar ôl bod, bu Wil yn crïo yn ei wely, ofn marw, ond gallai Sionyn edrych arno'n llygatsych wrth geisio'i gysuro. Dwg hyn i gof y Deian ifanc yn gwirioni ar symiau; mecanyddiaeth hefyd yw hoffter Wil. Y mae Loli a Sionyn wedyn, ill dau, yn fwy artistig eu hanian; wedi'r cyfan, Sionyn ac nid Wil yw adroddwr stori'r goeden eirin.

Y 'scolarship' i'r Ysgol Sir sy'n gwahanu Deian a Loli am byth. Yn yr un modd, ceir un digwyddiad tyngedfennol ar ddiwedd 'Y Goeden Eirin' hefyd yn prysuro'r ymddatod:

> Rhyw dro fe ddringodd Wil a fi a fi a Wil i'w phen. Eisteddais i ar frigyn wedi crino fel braich dde nain a syrthio a thorri fy nghoes. Bûm yn y tŷ am wythnos heb ddim i'w wneud ond darllen a darllen a darllen. Gwnaeth Wil gyfeillion â Lias a Harri bach y *Garage*, a dwad adra bob nos yn sôn am *magneto* a *dynamo* a *clutch* a newid gêr a *Bleriot* a *Jerry M.* 'Dydi o ddim blewyn o wahaniaeth gen' i beth yw *magneto* a *dynamo*, a thros ei grogi yn unig y bydd Wil yn darllen.[7]

A siarad yn fras, felly, mae'r ddau waith yn dilyn yr un drefn ac yn ymdrin â'r un thema. Ond o dan yr wyneb y mae cryn wahaniaeth yn y technegau a ddefnyddir gan yr awduron. Y mae cychwyn 'Y Goeden Eirin', er enghraifft, yn gafael ynom yn syth. Hoelir ein sylw'n hypnotig gan ei ailadrodd geiriol a'i rhythmau cymesur, tra bo agoriad *Deian a Loli* yn ymlwybro ymlaen yn sgyrsiol hamddenol. Yn y *nouvelle*, y mae mwy o amser i lunio cefndir; yn y stori fer, 'rydym yng nghanol y pwnc yn syth. Yn 'Y Goeden Eirin' hefyd, y mae'r symud a'r sylwedd, neu'r 'dweud' a'r 'pwnc', yn annatod glwm. Sylfaen y gwaith yw mai profiad poenus yw'r ymwahanu, fel ei bod yn naturiol ddigon i'r adroddwr, un o'r efeilliaid, wneud ei orau glas i osgoi sôn amdano. Dewisodd yr awdur, felly, dechneg llif-yrymwybod ar gyfer y naratif ac, o ganlyniad, neidia'r meddwl ar ôl pob gwybedyn ac ysgyfarnog yn gwbl fwriadol i geisio osgoi wynebu'r gwir:

> Rydw i'n dal ar bob cyfle ac yn codi hynny o ysgyfarnogod a fedra' i rhag sôn yn iawn am y goeden eirin, mi wn o'r gorau, a rheswm da pam.[8]

Y mae'r dull o ddweud yn rhan annatod o'r sylwedd, a'r darllenydd fel pe'n cael ei orfodi i gyfranogi o boenau dirdynnol y profiad dirfodol.

Nid yw'r berthynas rhwng ffurf a chynnwys lawn mor glòs yn *Deian a Loli* (er nad yw hynny'n golygu na all priodas o'r fath ddigwydd o fewn *nouvelle*. Wedi'r cwbl, dyma'r union gamp a gyflawnwyd gan Kate Roberts yn *Tywyll Heno*). Cynllun episodig sydd i'r gwaith, gyda'r awdur yn symud ymlaen gam wrth gam, nid oherwydd ei bod am osgoi'r diweddglo anorfod ond oherwydd ei bod am ganfod yr edefyn sy'n cydio'r cyfan ynghyd. Rhyw brofiad brysiog a geir gan John Gwilym Jones, un i gynrychioli'r lliaws. Rhydd Kate Roberts liaws i ni, i ddangos eu bod yn rhan o'r un.

Awgryma hyn mai mater o grynoder yw'r cyfan, a hwyrach mai dyna yw'r prif wahaniaeth rhwng y ddau waith. Â gair, brawddeg, a pharagraff, y gweithia John Gwilym Jones tra bo Kate Roberts yn dod i ben â pharagraff a phennod. Ymddengys iaith y *nouvelle*, felly, fymryn yn fwy moel a 'rhyddieithol', ac un 'Y Goeden Eirin' yn fwy barddonol ei naws. Nid oes unrhyw ran o'r stori lle gellir gweld hynny'n gliriach na'r diweddglo. Methu arholiad, rhyw brofiad amhersonol, y tu allan i'w rheolaeth, sy'n peri i Deian a Loli wahanu, ac er y gellid dadlau bod Kate Roberts yn ceisio awgrymu bod holl drefniant cymdeithas fel pe'n cyflymu'r broses, ni theimlir bod i'r 'scolarship' unrhyw arwyddocâd ehangach na hi ei hun. Yn 'Y Goeden Eirin' ar y llaw arall, y mae i hanes y ddamwain ei hystyr symbolaidd yn ogystal. Nid canlyniad i waith dyn yw'r dieithrio yma ond effaith grym oer na ellir gwneud fawr ddim yn ei gylch. Tyf y goeden yn symbol o ffawd ddidrugaredd y mae'n rhaid i bawb frwydro yn ei herbyn, a hi sydd yn asio'r cyfan ynghyd yn wead clòs.

Y mae adeiladwaith y ddwy stori felly'n bur ddadlennol. Darganfu John Gwilym Jones y tro yn y ffordd lle y gall weld y gorffennol a'r dyfodol heb symud cam. Eithr casgliad o ddarluniau cronolegol (y gellid eu had-drefnu) a geir yn *Deian a Loli* ac y mae'r pwythau a'u cysylllta'n llacach beth. Syndod a braw a rhyw sythwelediad sydyn yw hanfod hanes Wil a Sionyn; mae felly'n gydnaws ag anian y stori fer. Bywyd yn camu'n ei flaen tuag at y gwahanu yn araf anorfod a geir gan Kate Roberts, a daw braw i'n bron o sylweddoli na allwn ni wneud odid ddim i newid ei gwrs.

Yn wahanol i'r stori fer, felly, nid yw'r trwyn mewn *nouvelle* yn gorwedd mor gyson ar y maen. Eithr ar ôl dweud hynny, nid anodd gweld bod sawl nodwedd yn gyffredin i'r ddau *genre*. Er i awdur *Deian a Loli* ymdroi hwnt ac yma wrth adrodd yr hanes, y mae yna unoliaeth i'r weledigaeth nas ceid pe ysgrifennid y gwaith ar ffurf nofel. Y mae llygaid Kate Roberts, fel un y storïwr byr, drwodd a thro, ar ben y daith. Felly, er i John Gwilym Jones fynd ar ei siwrnai fer mewn trên, ac i Kate Roberts deithio'n hamddenol yn ei cheffyl a throl, un prif gyfeiriad ac un thema a geir yn y ddwy stori, ac y mae honno, fel y gellir gweld, eisoes yn ei llawn dwf ar ddechrau'r gwaith. Nid oes unrhyw ddatblygu cymeriad ychwaith yn y naill waith na'r llall, nac amser i ddilyn hynt is-gymeriadau neu ddatblygu is-themâu. Dim ond wrth osod dau waith ochr yn ochr fel hyn y mae modd gweld union berthynas y ffurfiau â'i gilydd, gweld sut y maent yn perthyn, ac i ba raddau y maent yn bodoli fel *genres* ar wahân.

Yn y bennod ddiwethaf, soniwyd fel y byddai O'Connor yn gofyn dau gwestiwn iddo'i hun cyn dechrau creu:

> 1. Ai stori fer ynteu *nouvelle* yw hon? A ellir ymdrin â'r syniad mewn un olygfa sydyn, gan gyfuno'r syniad sylfaenol â'r datblygiad? neu

2. A oes rhaid neilltuo'r 'testun' i'r ychydig baragraffau cyntaf ac yna defnyddio tair neu bum golygfa i ddatblygu hwnnw?

Y mae'r cwestiynau'n tanlinellu prif nodweddion y ddau waith y buom yn cymryd cip frysiog arnynt yn daclus a chlir. *Un* sefyllfa, sy'n cyfuno'r elfen esboniadol a'r elfen ddatblygol, yw sail 'Y Goeden Eirin', tra bo *Deian a Loli* yn gosod y seiliau ar gychwyn y gwaith gan gymryd y 'pum golygfa', a mwy, i'w datblygu'n llawn. Y mae'r ddau waith, felly, fel pe'n tynnu llinynnau'r ymdriniaeth hon ynghyd yn enghreifftiol dwt, a'r darllenydd bellach, gobeithio, yn awchu am fynd i fyfyrio uwch ben gweithiau llenyddol eraill drosto'i hun. Y gobaith yw i'r arweiniad byr hwn fod o ryw gymorth iddo gyrraedd ei nod.

20. Darllenwch y *nouvelle Tywyll Heno*, a'r stori fer 'Yr Enaid Clwyfus' *(Prynu Dol)*, y ddwy gan Kate Roberts, gan roi sylw i grefft yr awdures yn y ddau waith. A ellir dadlau bod un gwaith yn fethiant cymharol oherwydd anaddasrwydd y *genre* i gyfleu'r cynnwys? Manylwch wrth ymdrin â'r cwestiwn.

21. Dadleuai Frank O'Connor na fwriedir i gymeriadau stori fer neu *nouvelle* fod ag arwyddocâd cyffredinol, tra bo'r nofel yn ymdrin â phobl mwy cynrychioliadol, rhai y gwelwn adlewyrchiad ohonom ein hunain ynddynt, yng nghanol dryswch bywyd. Wrth ddarllen 'Y Goeden Eirin' a *Deian a Loli*, a deimlwch chi fod yr awduron yn ymdrin â phroblemau sydd yn ymwneud o gwbl â'ch bywyd chi?

CYFEIRIADAU

[1] Kate Roberts, *Deian a Loli* (Caerdydd, 1926), t. 7.
[2] John Gwilym Jones, 'Y Goeden Eirin', *Y Goeden Eirin* (Dinbych, 1946), t. 17.
[3] Kate Roberts, *op. cit.*, t. 8.
[4] *ibid.*, t. 43.
[5] *ibid.*, tt. 126-7.
[6] John Gwilym Jones, *op. cit.*, tt. 17-18.
[7] *ibid.*, t. 25.
[8] *ibid.*, t. 20.
[9] Frank O'Connor, *The Lonely Voice* (Llundain, 1963).

5. TRI DISGRIFIAD DEFNYDDIOL

1. Mae **nofel** dda i fod . . . fel afon . . . yn llifo'n droellog ond yn siŵr o'i siwrne o'r mynydd i'r môr—drwy rug a brwyn, dros raean a cherrig, rhwng dolydd a chreigie, ond yn llifo'n fyw ar hyd y ffordd. Yn tarddu'n sydyn, sionc yn y mawndir, ac yn lledu ac yn llenwi'n braf at ei haber. Dyna'r peth mawr. Yn fyw! (Islwyn Ffowc Elis, *Marwydos*)

2. [Mae'r **stori fer**] yn chwilio bob tro am bwynt y tu allan i amser lle y gall weld y gorffennol a'r dyfodol yr un pryd. (Frank O'Connor, *The Lonely Voice*)

3. Y mae'r *Nouvelle* (neu'r **stori fer hir**) yn llinell gron yn symud o gwmpas canolbwynt sefydlog, ac ni all dynnu ei llygaid oddi ar hwnnw nes bod y cylch yn gyflawn . . . Mae'r *Nouvelle* yn adrodd hanes bywyd yr arwr mewn perthynas â rhyw bwynt neu sefyllfa ganolog. (E. K. Bennet, *A History of the German Novelle, from Goethe to Thomas Mann*)

Rhydd yr uchod ddarlun clir a graffig i ni o'r tair *genre* a gellir cadarnhau hwnnw yn y cof â'r symbolau a ganlyn:

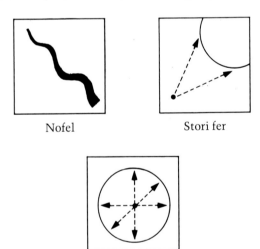

Nofel   Stori fer

Stori fer hir

DETHOLIAD O STORÏAU
A THESTUNAU TRAFOD

Diweddarwyd orgraff rhai o'r storïau a geir yn yr adran a ganlyn lle 'roedd gofyn cwbl amlwg am hynny.

Y CWILT

Kate Roberts

Ffair Gaeaf a Storïau Eraill (Gwasg Gee, 1949)

Agorodd y wraig ei llygaid ar ôl cysgu'n dda trwy'r nos. Ceisiai gofio beth a oedd yn bod. Yr oedd rhywbeth yn bod, ond am eiliad ni allai gofio beth; megis y bydd dyn weithiau y bore cyntaf ar ôl i rywun annwyl ganddo farw yn y tŷ. Yn raddol, daw i gofio bod corff yn yr ystafell nesaf. Felly Ffebi Wiliams y bore hwn. Eithr nid marw neb annwyl ganddi oedd y gofid yn ei hisymwybod hi. Yn raddol (os iawn cyfrif graddoldeb mewn gweithred na chymer ond ychydig eiliadau i ddigwydd) daeth i gofio mai dyma'r dydd yr oedd y dodrefn i fynd i ffwrdd i'w gwerthu. Daeth y boen a oedd arni neithiwr yn ôl i bwll ei chalon. Syllodd o'i blaen at y ffenestr gan geisio peidio â meddwl. Yna, troes ei phen at ei gŵr. Yr oedd ef yn cysgu, a chodai ei fwstas yn rheolaidd wrth i'w anadl daro ar ei wefus uchaf. Yr oedd o dan ei lygaid yn las a'i wyneb yn welw, ac edrychai am funud fel petai wedi marw. Syllodd hi arno ef yn hir, a thrwy hir syllu gallodd ei dynnu i ddeffro. Edrychai John yn ffwndrus ar ôl agor ei lygaid. Yr oedd glas ei lygaid yn ddisglair, a gwenodd ar ei wraig, fel petai'n mynd i ddweud ei freuddwyd wrthi. Eithr rhoes ei ddwylo dan ei ben ac edrychodd o'i flaen at y ffenestr. Bu'r ddau'n hir heb ddweud dim.

"'Waeth inni heb na phendwmpian ddim," meddai ef toc, gan godi ar ei eistedd.

"Na waeth," meddai hithau, heb wneud yr un osgo i godi.

"'Waeth inni godi ddim."

"Na waeth."

"Codi fydd raid inni."

"Ia."

Gan mai'r wraig a godai gyntaf bob dydd, disgwyliai John Williams iddi wneud hynny heddiw. Eithr daliai hi i orwedd mor llonydd â darn o farmor.

Toc, tybiodd ef y byddai'n well iddo godi. Byddai'r cludwyr yno yn ôl y dodrefn yn fuan. Cododd a gwisgodd amdano'n araf, gan edrych allan drwy'r ffenestr wrth gau ei fotymau. Ni ofynnodd i'w wraig pam na chodai hi.

Wedi iddo fynd i lawr y grisiau, daliai Ffebi Williams i syllu drwy'r ffenestr ar yr awyr a orweddai ar orwelion ei hymwybyddiaeth. Ni chofiai fore ers llawer o flynyddoedd pan gâi orwedd yn ei gwely a syllu'n ddiog ar yr awyr, pan fyddai ei meddwl yn wag a'r awyr yn llenwi ei holl ymwybod. Heddiw, nid oedd ond yr un peth ar ei meddwl, sef y ffaith bod ei phriod wedi torri yn y busnes, a bod eu holl ddodrefn, ac eithrio'r ychydig bethau a oedd yn hollol angenrheidiol iddynt, yn mynd i'w gwerthu. Hyn a fu ar ei meddwl hi a'i gŵr ers misoedd bellach, ym mhob agwedd arno. Meddyliasai'r ddau gymaint am yr holl agweddau arno, fel nad arhosai dim ond y ffaith noeth i drosi yn eu meddyliau erbyn hyn.

Flynyddoedd maith yn ôl, yn nyddiau cyntaf eu hantur, yr oedd ar Ffebi Wiliams ofn i ddiwrnod fel hwn wawrio arni. Fe freuddwydiodd lawer gwaith y gwnâi, ac ni faliasai lawer pe gwnelsai. Yr oedd rhyw ysbryd rhyfygus ynddi y pryd hwnnw. Nid oedd ddim gwahaniaeth ganddi pe collasai'r holl fyd. Yr oedd hi a'i gŵr wedi plymio i'r dŵr, ac yr oedd yn rhaid nofio. Pan oedd llifogydd weithiau o'u tu ac weithiau yn eu herbyn, yr oedd yn hawdd taflu pryderon i ffwrdd. Yr oeddynt yn ormod i ddechrau poeni yn eu cylch.

Eithr llwyddodd y busnes, ac wrth iddo gerdded yn ei bwysau, ciliodd yr ofnau cyntaf. Cafwyd blynyddoedd fel hyn. Modd bynnag, ychydig flynyddoedd yn ôl, dechreuodd pethau fynd ar y goriwaered. Tua blwyddyn yn ôl, yr oeddynt yn sicr eu bod yn mynd i lawr yr allt yn gyflym aruthrol. Yr oedd y braw o ddeall hynny fel clywed bod câr agos yn wael heb obaith gwella. Ar ôl y sioc gyntaf, yr oedd hithau wedi derbyn ei thynged yn dawel, yr un fath ag y derbynnir marw'r dyn gwael. Ond a oedd hi'n ei derbyn yn dawel? Methodd godi heddiw. Gwendid neu ystyfnigrwydd oedd hynny. Ni wyddai pa'r un. Dechreuodd achosion eu torri droi yn ei hymennydd eto, fel y gwnaethai ar hyd y misoedd. Siopau'r hen gwmnïau mawr yna tua'r dre oedd y drwg, yn gwerthu bwydydd rhad a'u cario erbyn hyn ddwywaith yr wythnos at ddrysau tai pobl. Mor ffiaidd oedd hi arni hi a'i gŵr a roes goel i'r bobl hyn ar hyd y blynyddoedd, eu gweld yn talu ar law i bobl y faniau. Fe obeithiasai hi lawer gwaith y caent wenwyn wrth fwyta'r hen fwydydd tyniau rhad, ac y caent blorod hyd eu hwynebau. Mor falch ydoedd unwaith o ddarllen i un o'r cwmnïau mawr yma gael ei ffeinio oblegid i rywun gael gwenwyn.

Yr oedd hi a'i gŵr wedi mynd yn rhy hen i ymladd erbyn hyn. Dyna'r gwir. Ac ni allai hi, beth bynnag, ymostwng i'w thynged. Nid oedd colli'r holl fyd mor hawdd ag y tybiai hi gynt yn ei hieuenctid. Nid peth ysgafn oedd ymwacáu a mynd ymlaen wedyn. Yr oedd damcaniaeth yr ymwacâd yn iawn fel damcaniaeth, rhywbeth i ddynion segur ddadlau arno. ''Ond treiwch hi,'' meddai Ffebi Wiliams wrthi hi ei hun bore heddiw. Yr oedd ei gafael yn dynnach nag erioed mewn pethau. Cofiai'r holl storïau a glywsai hi erioed am gybyddion yn marw, a'u gafael yn dynnach nag erioed ar y byd yr oedd yn rhaid iddynt ei adael. Gallai ddeall rhywfaint arnynt heddiw. Ni allasai erioed o'r blaen. Digon hawdd oedd iddi hi, a phob pregethwr a bregethodd erioed ar y gŵr ifanc goludog a aeth ymaith yn athrist, sôn a meddwl bod colli'n beth hawdd. Yn ystod ei bywyd hi a'i gŵr yn y busnes, fe deimlodd lawer gwaith fod y byd yn mynd i ddisgyn am ei phen. Cilio oddi wrthi yr oedd y byd heddiw a'i gadael hithau ar ôl.

Clywai sŵn tincian llestri yn y gegin, a daeth ei meddwl am funud at ei hangen presennol—bwyd. Yna cofiodd fel y dywedodd ei gŵr fod

Kate Roberts

yn rhaid gwerthu *popeth* ond yr ychydig bethau y byddai eu hangen arnynt, er mwyn talu cymaint ag a oedd yn bosibl o'u dyledion. Cydolygai hithau ar y foment—moment o gynhyrfiad, mae'n wir. Ond ar foment o gynhyrfiad y gorfyddir ar rywun benderfynu'n sydyn bob amser. Erbyn hyn buasai'n well ganddi petai'n gorfod gwerthu'r pethau angenrheidiol a chadw'r pethau amheuthun. Y pethau amheuthun a roesai iddi bleser wrth eu prynu: pethau nad oedd yn rhaid iddi eu cael, ond pethau a garai ac a brynai o flwyddyn i flwyddyn fel y cynyddai eu helw—cadair esmwyth, hen gist, cloc, neu ornament.

Yna daeth adeg o gynilo a stop ar hynny. Dim arian i brynu dim. Byw ar hen bethau. Aros gartref.

Ond rywdro, wedi iddynt ddechrau mynd ar i lawr, fe aeth i siou efo'i gŵr, am ei bod yn ddiwrnod braf yn yr haf, a hwythau heb obaith cael mynd oddi cartref am wyliau. Er bod tywydd braf yn codi dyhead ynddi am ddillad newydd, eto fe godai ei hysbryd hefyd. Os oedd haul yn dangos cochni hen ddillad, fe gynhesai ei chalon er hynny. Cyfarfu â hen ffrind yn y siou yn edrych yn llewyrchus iawn, yn gwisgo dillad sidan ysgafn o'r ffasiwn ddiweddaraf, a hithau, Ffebi, yn gwisgo ei siwt deirblwydd oed.

"O, Ffebi, mae'n dda gen i'ch gweld chi," meddai'r ffrind, ac yr oedd dylanwad yr haul ar galon Ffebi yn gwneud iddi hithau deimlo'r un fath.

"Wyddoch chi be'?" meddai'r ffrind, "mae yna gwiltiau digon o ryfeddod ar y stondin acw. Dowch i'w gweld."

A gafaelodd yn ei braich a'i thynnu tuag yno.

Yno fe gafodd Ffebi demtasiwn fwyaf cyfnod ei chynilo, a bu'n ymgodymu â hi fel petai'n ymladd brwydr â'r gelyn. Yr oedd yno wlanenni a chwiltiau heirdd, ac yn eu canol un cwilt a dynnai ddŵr o ddannedd pawb. Gafaelai pob gwraig ynddo a'i fodio wrth fyned heibio a thaflu golwg hiraethlon arno wrth ei adael. Cwilt o wlanen wen dew ydoedd, a rhesi ar hyd-ddo—rhesi o bob lliwiau, glas a gwyrdd, melyn a choch, a'r rhesi, nid yn unionsyth, ond yn cwafrio. Yr oedd ei ridens yn drwchus ac yn braw o drwch a gwead clòs y wlanen. Daeth awydd ar Ffebi ei brynu, a pho fwyaf yr ystyriai ei thlodi, mwyaf yn y byd y cynyddai ei hawydd.

"Ond 'tydi o'n glws?" ebe'r ffrind.

Ni ddywedodd Ffebi air, ond sefyll yn syn. Gadawodd ei ffrind heb ddweud gair ac aeth i chwilio am ei gŵr. Eglurodd iddo fod arni eisiau arian i brynu'r cwilt ar unwaith, rhag ofn i rywun arall ei brynu. Edrychai ei gŵr yn anfodlon er na ddywedai ddim. Ped edrychasai fel hyn yn yr hen amser, pan oedd ganddynt ddigon o arian, buasai'n ddigon iddi beidio â phrynu'r cwilt. Yr oedd ei dyhead heddiw, dyhead gwraig ar dranc, yn drech nag unrhyw deimlad arall. Cafodd yr arian a phrynodd y cwilt. Wedi myned ag ef adref, rhoes ef ar y gwely, a theimlodd ef ar ei hwyneb er mwyn cael syniad o'i deimlad. Bron na hiraethai am y gaeaf. Cofiodd 'rŵan fod y cwilt yn y gist yn barod i'w werthu, a daeth iddi ddyhead cyn gryfed am ei gadw ag a oedd iddi am ei brynu. Penderfynodd na châi'r cwilt, beth bynnag, fynd i'r ocsiwn.

Ar hynny, daeth ei gŵr i'r ystafell a dau hambwrdd ganddo. Peth amheuthun hollol iddi oedd brecwast yn ei gwely, ond fe'i cymerai'n ganiataol heddiw, ac ymddygai ei gŵr fel petai'n hollol gynefin â dyfod â brecwast i'w gwely iddi.

Cododd ar ei heistedd, y symudiad cyntaf o eiddo ei chorff er pan aethai ei gŵr i lawr y grisiau, ac eisteddodd yntau ar draed y gwely. Ni allai'r un o'r ddau siarad fawr. Yn wir, daeth newid rhyfedd drosti hi. Yr oedd y te'n boeth ac yn dda, a charai ei glywed yn mynd drwy ei chorn gwddw ac i lawr ei brest yn gynnes. Yr oedd y bara 'menyn yn dda hefyd, a'r frechdan yn denau. Trôi ef ar ei thafod a chnôi ef yn hir. Edrychodd ar ei gŵr.

"Mae o'n dda," meddai hi.

"Ydi," meddai yntau, "mae o. Ro'n i'n meddwl 'mod i wedi torri gormod o fara 'menyn, ond 'dydw' i ddim yn meddwl 'mod i."

"Nag ydach," meddai hithau, gan edrych ar y plât.

Teimlai Ffebi wrth fwyta yn rhyfeddol o hapus. Yr oedd yn hapus am fod ei gŵr yn eistedd ar draed y gwely. Ni chawsai hamdden erioed yn y busnes i eistedd a bwyta'i frecwast felly. Hwi ras oedd hi o hyd. Rhyfedd mai heddiw o bob diwrnod y caent yr hamdden. Yr oedd yn hapus wrth fwyta'i bwyd hefyd, clywed ei flas yn well nag y clywodd ef erioed, er nad oedd ddim ond bara 'menyn a the. Medrodd ymddihatru oddi wrth y meddyliau a'i blinai cyn i'w gŵr ddyfod i fyny, a theimlo fel y tybiodd flynyddoedd maith yn ôl y gallai deimlo wedi colli popeth. Nid oedd yn malio am funud, beth bynnag, a theimlai fod holl hapusrwydd ei bywyd wedi ei grynhoi i'r munudau hynny o fwyta'i brecwast. Teimlai fel pe na buasai amser o'i flaen nac ar ei ôl. Nid oedd ddoe nac yfory mewn bod. Hwnnw oedd Y Presennol Mawr. Ac eto, beth oedd bywyd ar ei hyd ond meddwl am yfory? Ni buasai eisiau i neb fynd i waith nac i fusnes oni bai bod yfory mewn bod. Ond nid oedd yn bod 'rŵan, beth bynnag, i Ffebi Wiliams. Cafodd oruchafiaeth ar ei gofid yn yr ychydig funudau gogoneddus hynny.

Dyma sŵn men fodur drom wrth y llidiart. "Dyna hi wedi dwad," ebe John, a chymerodd y ddau hambwrdd ar frys a rhuthro i lawr y grisiau. Gorweddodd hithau'n ôl gan lithro i'r un syrthni ag o'r blaen. Clywai'r drysau'n agor a sŵn traed yn cerdded. Yr oedd sŵn symud i'w glywed ym mhobman hyd y tŷ ar unwaith fel y bydd mudwyr dodrefn. Traed y dodrefn yn rhygnu ar hyd y llawr a chadeiriau'n taro yn ei gilydd. Ymhen eiliad dyma sŵn traed yn rhedeg i fyny'r grisiau a'u perchenogion yn chwibanu'n braf. I mewn â hwy i'r ystafell nesaf. Y gwely'n gwichian yn y fan honno wedyn. Neidiodd Ffebi Wiliams allan o'i gwely ac i'r gist. Tynnodd y cwilt allan ac aeth yn ôl efo fo i'r gwely ac eistedd. Lapiodd ef amdani gan ei roi dros ei phen. Gallai ei gweled ei hun yn nrych y bwrdd a safai yn y gongl.

Yr oedd fel hen wrach, y cwilt yn dynn am ei hwyneb, ac yn codi'n bigyn ar ei phen. Ar hyn dyma agor y drws gan un o'r cludwyr dodrefn, bachgen ifanc. Pan welodd hwnnw Ffebi Wiliams yn ei gwely felly, aeth yn ôl yn sydyn.

Ymhen ychydig eiliadau clywai hithau chwerthin yn dyfod o ben draw'r landing.

TESTUNAU TRAFOD

1. Ystyriwch gymariaethau'r stori. Sut awyrgylch y maent yn ei greu?
2. O ba safbwynt yr ysgrifennwyd y stori? Pa mor bwysig yw hyn o o gofio pwnc y stori?
3. (a) 'Y mae unoliaeth stori'n dibynnu ar y modd y mae'r awdur yn cysylltu syniadau'n ddethau â'i gilydd.' Ystyriwch sut y mae'r awdur wedi asio gwahanol syniadau at ei gilydd yn y stori hon. A geir gwahanol fathau o uniadau, e.e. syniadol, cronolegol, digwyddiadol, ymsonol, atgofol, etc. ynddi?
   (b) A geir undod thema, cyfeiriad, lle, awyrgylch, amser, cymeriad, yn y stori? Trafodwch, er enghraifft, sut y mae'r awdur yn gallu clymu'r gorffennol, y presennol a'r dyfodol wrth ei gilydd heb rwystro'r stori rhag mynd yn ei blaen, dro ar ôl tro. A yw'r adegau pan fydd yn talfyrru, neu'n adrodd yn llawnach, yn dweud rhywbeth wrthym am ei grefft?
4. Y mae stori fer dda yn llawn o argraffiadau a syniadau am y natur ddynol a bywyd yn gyffredinol. Faint o'r mân awgrymiadau/ argraffiadau a dynnodd eich sylw chi?
5. Sut gymeriad yw Ffebi Wiliams? Ymhelaethwch.
6. Nodwch enghreifftiau lle mae'r awdur yn awgrymu yn hytrach na dweud, ac eglurwch hwy. Beth, er enghraifft, yw'r awgrym a geir yn y cymal 'ac yr oedd dylanwad yr haul ar galon Ffebi . . .'?
7. Ymdriniwch â defnydd Kate Roberts o eironi yn y stori.
8. Pa mor bwysig yw'r syniad y ceir cip arno yn yr ymadrodd 'Y Presennol Mawr' yng ngwaith y Dr Kate Roberts? Beth yn hollol a olygir yma?
9. Pa mor symbolaidd yw'r darlun a geir yn glo i'r stori? Esboniwch ei arwyddocâd.
10. Beth yn hollol y mae Kate Roberts yn ei ddweud wrthym am argyfwng Ffebi Wiliams ac, yn sgîl ei hanes hi, am fywyd yn gyffredinol?

BLWYDDYN LWYDDIANNUS
D. J. Williams
Storïau'r Tir Glas (Gwasg Aberystwyth, 1936)

Hanner can swllt y flwyddyn ydoedd rhent Pant y Bril, a thalai Rachel ef bob pen tymor o'r llo. Yr oedd dydd y fuwch yn dod â llo felly yn un o ddyddiau mawr y flwyddyn iddi hi—y mwyaf ond un, sef dydd ei werthu. Unwaith yn unig y methodd y fuwch ei thymp; ac o'r braidd y daeth Rachel dros y flwyddyn honno o ran ei hamgylchiadau hyd ddiwedd ei hoes. Fynyched y soniai am y pris tebygol a gâi am y llo wedi unwaith cael ei ben du, twp, i ddal pen rheswm â hi yn y crit, fel y gallai'r llefydd o gwmpas, perchenogion lloi lawer, rai ohonynt, bron brisio llwydd neu aflwydd blwyddyn yn ôl yr arian a gâi Rachel am ei llo hi. Os câi hi ddeuddeg a deugain a whech amdano, byddai'n flwyddyn lwyddiannus, a phawb wedi gallu talu'r ffordd. Pymtheg a deugain, a byddai'n flwyddyn dda odiaeth, ac ambell briodas annisgwyl yn digwydd. O'r ochr arall, os tarewid llaw fechan, galed Rachel am saith a deugain a whech—yna, blwyddyn wael. A phe digwyddai i'r pris syrthio cyn ised â phump a deugain byddai'n hen bryd meddwl am gynnal cwrdd ymostyngiad.

Meddwl yn ddyfal am hyn yr oedd Rachel wrth wau ei hosan yn yr ardd, a thes anwadal Ebrill yn gwresogi ei grudd fechan, writgoch, yn union wedi cymryd ei diferyn cawl i ginio. Yn ei hymyl yr oed Cora â'i chynffon fach yn fodrwy felen ar ei chefn, ac wrthi'n chwyrn yn ffroeni'r trywydd hwn a'r trywydd arall. Rhywsut, yr oedd yr aroglau dryslyd hyn yn fwy blasus ganddi na gweddillion pryd bwyd ei meistres a gawsai o'i llaw beth amser ynghynt. Yr oedd y gwanwyn a'i gyfaredd yn y gwynt. Gwelai Rachel y blagur ifainc yn ymagor ymhob man—yn y coed cyrens a'r gwsberis a'r llwyn rhosynnau cochion wrth gefn y tŷ. Sylwai arnynt oll, gwyrth y deffro sydyn, fel pe nas gwelsai erioed o'r blaen, gan droi'r cyfan, yn ddiymwybod, ati hi ei hun. A oedd gobaith newydd fel hyn iddi hithau? Ynteu parhad o'r Hydref hir hwnnw a ddechreuasai ganol haf ei bywyd, pan adawyd hi bymtheng mlynedd yn ôl yn weddw ifanc, ddi-blant, i alaru ar ôl gŵr eiddil? Pymtheng mlynedd o grafu caled â'i deng ewin am damaid o fwyd: ie, ac o wasgu corff ac enaid lawer tro hefyd. Buasai byw orau y gallai, oddi ar hynny. Nid yn berffaith, bob amser efallai. Ond dyna Dafydd frenin, fel y clywsai ar bregeth y Sul cynt, yn syrthio ac yn edifarhau ar ôl hynny, a chael maddeuant o'i bechodau. Rhaid ei bod hithau hefyd wedi cael maddeuant llwyr y prynhawn hwnnw, oherwydd teimlai rywsut yn rhyfeddol o iach a sionc ei hysbryd, heb fod ronyn yn edifar ganddi am ddim a wnaethai erioed.

Edrychodd arni ei hun: siôl fach wen ar ei gwar, ffedog siec dan bletiau bras yr haearn smwddio, â'i dwy esgid fach, gan taw sut y gellid cyfrif am hynny, yn disgleirio am ei thraed. Rhoesai gip brysiog yn y drych wrth fynd allan. Yr oedd y croesau mân bradwrus hynny dan ei dau lygad yn llai amlwg nag y gwelsai hwy lawer tro. A chyda'r gwres tyner a'r bywyd newydd, iraidd yn ymsaethu drwy bob dim, ysbonciodd ei hysbryd yn ôl lawn deng mlynedd. Yr eiliad nesaf fe'i cafodd ei hun rywsut yn astud wrando'r bregeth unwaith eto. Gwridodd—heb wybod yn iawn paham. Yna dilynodd gymhelliad bron mor anesboniadwy â hynny i fynd yn ôl i'r tŷ i wisgo'i chlocs a'i ffedog ganfas, a glanhau o dan y mochyn. Yr oedd hen angen am hynny, fel y sylwasai'r bore hwnnw wrth roi tamaid o fwyd iddo. Ond cyn penderfynu dim y naill ffordd na'r llall, wele lais garw a'i dychrynodd yn enbyd am eiliad, yn ei chyfarch dros glwyd yr ardd. Aeth Rachel yn dalp o rinwedd oer trwyddi.

"Helo'r hen groten, shwd wyt ti?" meddai'r llais â rhyw brin awgrym o floesgni diod ynddo. "'Rwy i wedi dod heibio i brynu dy hen lo bach di 'leni yto."

"Dyna'r hen lwff wedi dod fel 'rown i'n ofni," meddai Rachel wrthi ei hun, gan geisio camu'n ddistaw bach y tu cefn i'r llwyn cyrens tew yn ymyl. Wrth groesi disgynnodd ei llygaid gyda gradd o gywilydd ar ei dwy esgid fach, loyw.

"Ho-ho! Whare spei, ie fe'r, un fach? Dere ma's i fi ga'l dy weld di. 'Rwyt yn edrych yn bert ofnadw'r prynhawn yma. Wyt, byth na chyffrwy," a nesaodd y siaradwr gan bwyso'i ddwy benelin yn hamddenol ar halsen ucha'r llidiart. Y mae'n amlwg y gwyddai fod unig fynedfa'r ardd yn ei ddwylo ef, pe digwyddai gwarchae. Gwyddai hefyd fod llawer sofren a hanner sofren felen yn gorwedd yn gynnes ym mhlygion ei bwrs hir, llwyd yn nyfnderoedd poced ei drowser. Hen gadno bore ydoedd Teimoth a ddôi heibio bob gwanwyn ymhell o flaen blodau'r eira, i holi hynt y cyntaf anedig ymhlith lloi bach yr ardal.

"'Dydw i ddim yn mynd i werthu'r llo bach 'leni i ti, nag i neb arall," meddai Rachel yn gwta, dan orfod dod allan o'r tu cefn i'r llwyn cyrens, a'i digter erbyn hyn wedi codi'n wrid poeth i'w hwyneb. "Wedyn, cerdd oboitu dy fusnes."

"Ie, dyna chi, wir w'! Reteiro gwlei, a byw ar yr hen hosan fel Griffiths, Tŷ Sych. Neu, 'i gadw e'n llo tarw—gwell byth! Rachel Ifans, Pant y Bril,—Wan Hecs-Bwl-Bach!" a chwarddodd Teimoth yn ei ddull mwyaf pryfoclyd am ben ei ddigrifwch ei hun.

"Yr hen bembwl! Ond taw llo fenyw sy 'da'r fuwch 'leni yto, fel arfer! A 'rwy'n 'i gadw e yn 'i lle hi gan 'i bod hi'n mynd yn hen."

"'Rwyt ti'n mynd yn ifancach bob blwyddyn, ta' beth am yr hen fuwch," meddai Teimoth, â'i lygaid duon bychain yn dawnsio'n beryglus yn ei ben. "Dere i fi ga'l gweld shwd mae dy sgidie newydd bach di'n ffito, a shwd y cest ti'r pletau bach pert 'na 'n dy ffedog," ychwanegai, gan anelu, dipyn yn afrosgo, dod i mewn drwy'r iet fach.

D. J. Williams

"Teimoth!" meddai Rachel, dan godi ei llais, "os dôi di un fodfedd yn nes yma, mi hysa i Cora arnat ti. Cora—Cora—Cora" galwai'n gyflym. Ond yr oedd Cora newydd wneud rhyw ddarganfyddiad pwysig ym môn y clawdd, ac yn turio'n rhy ddiwyd ar ei ôl i roi'r sylw lleiaf i'r un dim arall—hyd yn oed i beth mor gysegredig â diogelwch ei meistres.

"Raid i ti byth dreio galw ar Cora. Y mae Cora yn nabod i cyn heddi, on'd wyt ti'r ast fach?" meddai Teimoth, gan wneud sŵn main â'i wefusau i geisio tynnu sylw'r ast.

"Dere'r hen groten! Dere'r hen groten! Gad i fi ga'l pip ar dy hen lo bach di. Ffaelwn ni ddim cytuno, 'gynta, mwy na'r tro o'r blaen," ychwanegai, a thaflu rhyw hanner winc ogleisiol i gyfeiriad y beudy.

Ond gyda hyn, wele ddarn o dywarchen y bu Rachel yn balu'r bore hwnnw yn hedfan at ei ben—a'r ail—a'r trydydd!

"Dere di at 'y nhŷ i yto, heb i fi hala dy hôl di, dyna i gyd, yr hen glemog salw 'ny!" meddai Rachel, ac eiddigedd sanctaidd wedi ei meddiannu'n llwyr. Gwelodd Teimoth, er mor benfaith ydoedd ef fel rheol, iddo gamsynied ei dywydd rhyw gymaint y tro hwn. Enciliodd yn ddoeth i fyny'r ffordd dan fwmian rhywbeth ynghylch "Yr hen groten w'!" a rhyfeddu uwchben rhyfeddod gwraig.

Y peth cyntaf a wnaeth Rachel wedi gweld fod Teimoth yn ddigon pell, ydoedd mynd i'r tŷ a diolch am iddi gael nerth i yrru Satan allan o'r ardd. Eisteddodd ar gadair ger y tân gan wylo yng nghynnwrf ei buddugoliaeth. Yn awr gallai roi taw llwyr ar ei chydwybod a fu'n dannod hen bethau câs iddi ambell funud, er y Sul cynt. Ond yn ei gorfoledd fe anghofiodd Rachel un peth pwysig: nid yw'r diafol byth mor beryglus a phan fo newydd ei orchfygu. Cyn i wres y diolch lwyr gilio o'i bron dechreuodd meddyliau eraill hel yno. Gwelodd Deimoth yn hwdwch mawr du yn brasgamu i fyny'r lôn gul, a'r pridd drwy frig y berth yn disgyn yn gawod fras o gwmpas ei glustiau. Dechreuodd chwerthin, a chwarddodd nes bod y dŵr yn rhedeg o'i llygaid: hi, y tamaid bach, wedi codi cerdded ar yr hen Deimoth yn y modd hwnnw! Beth petai'r ardal yn gwybod, meddai, dan wenu? Na, 'doedd dim eisiau i'r ardal wybod popeth, chwaith, chwarae teg i Teimoth. A rywsut teimlodd ei chalon yn cynhesu ato. 'Roedd ei waeth e' i'w ga'l, wedi'r cyfan, ond fod 'i dafod e', fel 'i wisgers e', "Hi-hi-hi!" dipyn yn arw weithiau. Ond pa hawl oedd gydag e' ddannod iddi hi fod ei hesgidiau gorau am ei thraed, yn union fel pe buasai wedi eu gwisgo er ei fwyn e'? Os dôi e'n ôl wedyn y noswaith honno—ac erbyn meddwl, 'roedd hynny'n ddigon posibl, waeth ni phrynodd e' greadur nemor erioed heb fynd oddi wrth y tŷ, ac yn ôl wedyn, ddwy a thair gwaith, er mwyn ceisio gwasgu'r pris lawr ryw dair neu whech,—os dôi e'n ôl, 'te, fe rôi hi halen ar 'i gwt e' ynglŷn â'r pris, peth sicr oedd e'. A bu bron i dymer fechan Rachel ferwi drosodd yn grych o rinwedd unwaith eto. Ond daeth tangnefedd i'w henaid drwy i'r tegil ddechrau canu'r funud honno.

Cywir a fu'r darogan. Yr oedd y lamp fach honno o hen botel gwrdeb, a'r corcyn â'r pill trwyddo yn dop iddi, ar y ford ers tro. Chwaraeai Rachel yn ddiamcan â brigyn bach o'r ffagl ar y tân yn barod i'w chynnau. Synfyfyriai yn galed, gan ryw led feio ei hun erbyn hyn am ei byrbwylldra'r prynhawn hwnnw yn colli ei chyfle gorau efallai, i werthu'r llo, a'r rhent yn hen ddyledus hefyd. Deffrowyd hi'n sydyn o'i myfyrdod drwy glywed rhyw dwmpian yn y beudy. Erbyn mynd i'r penllawr rhwng y tŷ byw a'r beudy, a rhoi cip dros y côr a'i gwahanai, gwelai law fawr Teimoth yn swmpo cefn ac ais y llo, a'r creadur bach hwnnw yn ei ddiniweidrwydd yn pantu ei gefn ac araf godi ei gwt megis mewn gwir fwynhad o'r cyfarch.

"'Wir, Rachel, mae hen lo bach nêt 'da ti leni yto,'' meddai Teimoth wedi dod maes i'r clôs, a heb gymryd arno ddim symach am helynt y prynhawn.

"Odi, mae e'n lo bach purion. Ond y mae e'n rhy ddrud i ti 'i brynu e' 'leni, serch hynny,'' meddai Rachel mewn tôn arwyddocaol.

"Dere'r hen groten. Dere'n awr. Paid â bod yn ddiffeth w'. Gwed ryw bris rhesymol i ni ga'l siawns am ddelo. 'Rwyt ti'n gweld, mae hi wedi mynd yn nos, cystal, a mae pishin o ffordd 'da'r hen Deimoth i fynd yto.''

"'Doedd dim ishe i ti ddod 'n ôl ffordd hyn i 'mhoeni i, ymhellach.'' meddai Rachel yn sionc a digonol iawn.

"Dere'n awr, dere'n awr, paid â gwastraffu amser. 'Rwy'n gwybod yn nêt dy fod di bron â drysu am gael gwared ar yr hen lo bach, ac na chysget ti ddim heno pe byswn i heb ddod heibio. Dal dy law'n awr am hanner can swllt gan ta' ti wyt ti.''

(Synnodd Rachel yn ddistaw bach ei fod e'n dechrau gyda chystal pris.)

"'Rwyt ti'n gweld 'n awr,'' ychwanegai Teimoth, gan ddifrifoli'n ei wedd, "cha i ddim dwy bunt, 'tawn i'n byta'n hat, am dy hen lo bach di ar farchnad Caerfyrddin, dydd Sadwrn nesa, wedi'i gargywen e ugain milltir o ffordd. Na cha', 'tawn i byth o'r fan yma.''

"Tair ond coron,'' meddai Rachel, â'i gên fach gron yn dyn fel tant.

"Weda i 'na i â ti,'' meddai Teimoth, gan blymio ei fraich dde i eigion poced ei drowser. "Fe rannwn y gwahaniaeth. Towl hanner coron 'n ôl a dyna fargen. A dere miwn i fi ga'l cwpaned o de 'da ti. Y mae syched ofnadwy arna i wedi cerdded yr holl ffordd.''

"Tair ond coron,'' meddai Rachel yn benderfynol, "a dim whiden 'n ôl, tae ti'n aros yma drwy'r nos.''

"Na, na 'r hen groten. Dim ond cwpaned o de 'r own i'n feddwl. 'Rwyt ti'n cynnig gormod 'nawr.''

"Taw'r hen ffŵl â dy ddwli yto,'' meddai Rachel.

Bu dadlau a thaeru hir ynghylch yr hanner coron nesaf. Teimoth yn tyngu ar bob llw y tynnai ddial y nef ar ei ben am ryfygu cynnig y fath grocbris am edlychyn mor fitw—a'r llo druan yn mynd yn llei-lai o hyd, gyda phob tair ceiniog y codai ei bris. Yr oedd ef yn rhy ifanc eto i ddeall fawr o ystyr y bychanu hyn arno gan Teimoth, onid e teimlasai'n ddigon bach ers tro i geisio dianc drwy'r twll llygoden hwnnw yn y wal o flaen ei drwyn. Safodd yr hen wraig ei fam mewn diflastod syn, ar hanner cnoi ei chil. Ni ddywedai Rachel lawer o ddim, ond dal yn gyndyn at ei phris a gwasgu ei gwefusau'n galed,—er bod y dŵr yn dod o'i dannedd am daro'r llo bant ers tro.

''Wel, gan dy fod di mor benstiff heno,'' meddai Teimoth, wedi blino o'r diwedd ar ei huawdledd ofer, ''dal dy law am dair ond coron yn neno'r dyn, a dere miwn i ni gael rhifo'r arian,'' a cheisiodd gydio ym mraich Rachel er mwyn taro'i llaw.

''Nawr, Teimoth!'' meddai Rachel, gan ymryddhau'n chwyrn o'i afael, ''dim o dy hen drics di â fi. Tair ond coron, wir! Ond taw, tair a choron wedes i o'r dechre?'' ychwanegai'n gwbl ddigywilydd, dan chwerthin yn ei wyneb. A chyn i Deimoth gael ei wynt ato, rhedodd Rachel i'r tŷ, gan ddal y drws yn gil-agored o'i hôl.

''Yr hen lwbyn dwl,'' meddai, ''pe byset ti heb ddannod i fi aboitu'n sgidie gore, fe fyset ti wedi ca'l yr hen lo bach y prynhawn yma am hanner can swllt—a falle, lwc fach 'n ôl, yr un fath ag o'r blaen. Fel 'swn i wedi gwisgo'n sgidie dydd Sul a'n siôl fach er dy fwyn di'r, gŵr bynheddig 'ny!''

''Wele'r nefo'dd wen sy'n gwbod!'' meddai Teimoth, yn ei natur, o fethu gwybod beth i'w ddweud.

''Ie, a rwy inne'n gwbod yn nêt, hefyd,'' meddai Rachel yn sionc, '''nhro i yw rhannu'r tro hwn, os leici di. Fe gei di'r llo bach am dairpunt, os wyt ti'n 'i mofyn e—a chwpaned o de, *falle*, yn y fargen. Gwêd clou, cyn y mod i'n cau'r drws.''

''Cadw dy hen lo bach nes bod 'i gyrn e'n tyfu mas drwy'r to,'' meddai Teimoth.

Clodd y drws clep.

Nid oedd Teimoth ond wedi prin ymadael â'r clôs cyn i gawod ysgaprwth o law ddechrau disgyn. Mis Ebrill ydoedd hi. Trodd yntau goler ei got i fyny ac aeth i gysgodi dan hen lwyn celyn mawr wrth ymyl, a'i deimladau mor gymysg â'r elfennau. Yr oedd yn ddig wrth Rachel, ac yn fwy dig byth wrtho'i hun,—y dyrnaid bach hynny wedi gwneud ffŵl ohono ef, yr hen Deimoth. Uwchben gwelai wybren ddu yn gyrru'n gyflym, ac ynddi lawer cawod sydyn. I'r dde iddo, o dan gysgod y llwyn, yr oedd milltiroedd maith o daith croes gwlad, drwy gymoedd gwlybion a thros gefnydd noethion. I'r chwith iddo estynnai braich o oleuni cynnes i'w gyfeiriad. Yr oedd yn ddigon agos i weld y glaw bras yn disgyn drwy'r golau y tu allan i ffenestr y bwthyn. Y tu mewn dychmygai weled Rachel yn ei ffedog fach lân a'r sgidiau bach gloyw hynny a gostiodd mor ddrud iddo, yn paratoi ei chwpanaid te. Yn ei fron ymleddid brwydr galed: balchder, cybydd-dod—a dyhead yn ymgiprys ben-ben â'i gilydd, a'r glaw'n rhidyllu'r llwyn celyn yn fwy-fwy o hyd.

Yn sydyn clywodd sŵn clicied y drws yn codi. Bu bron i'w galon sefyll. Ac wele rimyn llydan o olau yn ymsaethu drwy'r glaw. Yn y golau hwn gwelai Rachel yn amlwg, ei llaw'n cysgodi ei llygaid ac yn ceisio edrych drwy'r tywyllwch. Y geiriau olaf a glywodd ydoedd geiriau'r cybydd o'i fewn: "Cofia di, Teimoth," meddai hwnnw, "y mae tair punt yn bris ofnadw i'w roi am y tamaid bach yna!"

Ydyw, y mae'r stori'n eithaf gwir. Fe gofir am y flwyddyn honno hyd heddiw, fel y flwyddyn fwyaf llwyddiannus yn hanes yr ardal.

TESTUNAU TRAFOD

1. Sut agoriad sydd i'r stori? Faint o wybodaeth a gawn ni am y sefyllfa o'i ddarllen?
2. Beth yw tôn llais adroddwr y stori? Rhowch enghreifftiau i gefnogi eich barn.
3. Edrychwch yn fanwl ar yr asiadau a geir yn y stori. Pa mor llwyddiannus ydynt?
4. A ellir cyhuddo'r awdur o ddweud yn lle awgrymu ar brydiau? Rhowch enghreifftiau.
5. A yw trosiadau a chymariaethau'r gwaith yn creu awyrgylch arbennig? Pa effaith a gaiff yr awyrgylch hwnnw ar y darllenydd?
6. Gellir dadlau bod dwy lefel o ystyr i'r stori, lefel lythrennol ac un fwy rhywiol ei naws. Pa mor ysgafn senstitif yw ei gyffyrddiadau pan yw'n ymdrin â'r lefel is? Trafodwch y cliwiau sy'n britho'r gwaith. Beth, er enghraifft, yw swyddogaeth y gyfeiriadaeth Feiblaidd a geir ynddi? A yw'r ymdriniaeth yn llwyddiant?
7. Chwiliwch am enghreifftiau o iaith anghymharus (iaith fawreddog i sôn am bethau dibwys) yn y stori. A ydynt yn ychwanegu rhywfaint at dôn y gwaith?
8. Pa fathau o lunio cefndir a geir yma? Nodwch enghreifftiau.
9. A ellir dadlau bod y stori, er bod iddi ddwy lefel o ystyr, braidd yn brin pan ddown i ystyried beth yw ei harwyddocâd? Ynteu a oes gan y stori sylw pendant i'w gynnig inni am hynt y natur ddynol?

Y GOEDEN EIRIN

John Gwilym Jones

Y Goeden Eirin (Gwasg Gee, 1946)

Mae Wil, fy mrawd, a minnau'n ddau efaill. Yr un amser yn union y'n cenhedlwyd ni, ac yn yr un lle a chan yr un cariad a'r un nwyd. Yr un bwyd a fwytâi mam i'n cryfhau ni'n dau, a'r un boen yn union a deimlai wrth ein cario ni; yr un amser yn union y symudasom ni'n dau, a'r un adeg yn union y'n ganed ni. Yr un dwylo a'n derbyniodd ni, ac yn yr un dŵr y'n hymolchwyd ni. Yr un dychryn yn union a roesom i mam, a'r un balchder i nhad. Yn yr un crud y rhoed ni, ac wrth yr un bronnau y sugnem. Yr un llaw a'n siglai ni, a phan ddiddyfnwyd ni, o'r un bowlen y bwytaem. Dilynasom ein gilydd ar hyd y lloriau fel cysgod y naill a'r llall, a'r un un yn union a'n dysgodd ni i ddweud mam a nhad a Sionyn a Wil a taid a nain a bara llefrith a thynnu trowsus a rhed fel diawl 'rŵan, ac ''a'' am afal a ''b'' am baban, a phwy oedd y gŵr wrth fodd calon Duw, a twaiswanatŵ, a gorffwys don dylifa'n llonydd paid â digio wrth y creigydd, ac yfwch bawb o hwn canys hwn yw fy ngwaed o'r testament newydd.

Ond heddiw mae Wil, fy mrawd, yn yr Aifft, a minnau'n gweithio ar y tir ym Maes Mawr.

Am flynyddoedd 'wyddwn i ddim fod yna wahaniaeth rhyngom ni. Wil oedd Sionyn a Sionyn oedd Wil. ''Sionyn, ty'd yma,'' meddai mam, a Wil yn rhedeg ati nerth ei draed. ''Paid, Wil, y gwalch bach,'' meddai nhad, a minnau'n peidio'r munud hwnnw. Pan gawn i chwip din a'm hanfon i'r gwely heb swper, byddai Wil yn tynnu oddi amdano hefyd ac yn dweud ei bader ac yn crio'i hochor hi, a'i fol yn wag o dan y dillad efo mi; a phan dorrodd Wil ben ei fawd efo siswrn, fe welais innau waed ar ben fy mawd innau hefyd a chael clwt amdano yr un fath â Wil.

Y goeden eirin yn yr ardd a gychwynnodd y gwahanu. Duw a'i plannodd hi yno. A Duw a ddywedodd, Bydded coeden eirin ym mhen draw gardd Llys Ynyr, rhwng y tŷ bach a'r wal; ac felly y bu. 'Dydw' i'n beio dim ar Dduw, nac yn dal dim dig tuag ato fo. 'Rydw' i'n barod iawn i fwynhau ei bethau da fo, a rhaid bodloni ar y lleill. Duw sy'n gyfrifol am yr haul a'r lleuad a'r sêr a'r môr a'r hyn oll sydd ynddo, a'r ddaear efo'i hanifeiliaid i gyd yn ôl eu rhywogaeth; gwartheg i roi lloeau bach inni a llefrith, a defaid i roi ŵyn a gwlân a dillad cynnes inni, a chŵn i fod yn ffrindiau efo ni. Iddo ef yr ydym i ddiolch am y prennau ffrwythlon yn dwyn ffrwyth yn ôl eu rhywogaeth; y deri i ddweud wrthym ni sut i fod yn gryf a sut i fyw yn hen ac i roi mes i'r moch; a choed afalau bwyta ac afalau cadw; a choed eirin . . . eirin bach gloywddu a'r peth gwyn oddi mewn iddynt yn felys fel mêl ac yn toddi a gadael carreg lân rhwng tafod a thaflod i'w saethu allan fel corcyn o wn claets. Ie, Duw a blannodd y goeden eirin rhwng y tŷ bach a'r wal

John Gwilym Jones

yn ein gardd ni. 'Rydw' i'n plannu hon, medda' fo, i wneud Wil yn Wil a Sionyn yn Sionyn.

Duw sy'n gyfrifol am ddyn hefyd, wedi anadlu yn ei ffroenau ef anadl einioes, wedi ei wneud ar ei lun a'i ddelw ei hun. ''Dyna ti 'rŵan,'' medda' fo, ''gwna fel y mynni di. Os ydi'n well gen' ti rywun arall na fi, dy fusnes di ydi hynny. Fe gei di fod yn Nebuchodonosor, os leici di, yn ddigon gwirion i fwyta gwair, neu fe gei fod yn Ddaniel yn gweddïo â'th wyneb tuag at Jerusalem. Fe gei di gredu mai wrth y Pab yn unig y byddaf fi'n siarad, neu fe gei gredu fod Robin Puw, Tŷ Draw, yn fy 'nabod i'n well na'r Pab. Mae Bernard Shaw yn credu mai dychymyg Robin Puw a'r Pab sy'n peri iddynt feddwl fy mod i'n siarad efo nhw'. Croeso i tithau gredu'r un peth. Neu cred, fel Stalin, os mynni di, fy mod i'n addurn bach digon tlws fel blodyn coch ar bren, ond mai'r pren sy'n bwysig ac yn cyfrif.''

Ond, Duw, 'dydi hynna ddim yn hollol deg. 'Roedd Nebuchodonosor, 'rwy'n cyfaddef, yn rhyfelgar ac yn anystyriol, ond fe wnaeth Babilon y ddinas brydferthaf yn y byd i gyd yr adeg honno. 'Roedd Daniel, mae'n wir, yn batrwm o hogyn da, ond ni chollodd o'r un pum munud o gwsg i geisio lliniaru poen ei gydgaethion ar lannau Ewffrates. 'Dwn i fawr am y Pab, ond mi wn i mai Robin Puw, Tŷ Draw, yw tad Neli bach, Tai Cefn, a'i fod o'n gwrthod ei harddel hi. Fe laddodd materoliaeth Stalin bum miliwn o dyddynwyr yn yr Wcrain, mae'n wir, ond 'fedr o ddim bod yn ddrwg i gyd; meddwl fel y maent yn ymladd heddiw. Peidiwch â meddwl fy mod i wedi anghofio'r goeden eirin yn yr ardd; 'dydw i ddim. Fe roddodd Duw hawl i Wil fod yn Wil ac i minnau fod yr hyn ydw' i, ac er mai cleddyf sydd gan Wil a swch sydd gennyf innau, mae Wil yn ffeindiach peth na fi, ac mae gen' i feddwl y byd o Wil, ac mae gan Wil feddwl y byd ohonof innau.

'Roedd y goeden eirin yn hŷn na nain. Er bod nain yn fyw o hyd, 'roedd hi'n hen yr adeg honno, a rhychau hyd ei hwyneb, ond yn iach fel y gneuen ar wahân i'w braich ddiffrwyth. Gallai gyrraedd bonclust ddigon o ryfeddod efo'i llaw chwith, ond 'roedd ei llaw dde hi mor ddisymud â phwysau cloc wedi stopio. Byddwn i'n meddwl am nain a'r goeden eirin yn yr un gwynt. 'Roedd y ddwy yn fyw cyn i Gladstone farw, a phan oedd Evan Roberts yn crwydro'r wlad yn rhoi profiadau rhyfedd i bobl, a rhai ohonyn' nhw'n aros efo ni o hyd, diolch i'w enw bendigedig o, chwedl John Huws, Pant . . . 'Wyddon ni ddim yn iawn beth yw Gwaredwr a Chyfryngwr a Maddeuant ac Edifeirwch, ond 'rydym ni'n credu ynddyn' nhw', a dyna sy'n bwysig. . . .

'Rydw' i'n dal ar bob cyfle ac yn codi hynny o ysgyfarnogod a fedra' i rhag sôn yn iawn am y goeden eirin, mi wn i o'r gorau, a rheswm da pam. Mae'n gas gan fy nghalon i feddwl amdani hi. Fe fyddaf yn meddwl weithiau mai hi yw fy ngelyn pennaf i. Hi ddysgodd imi fod pethau diffrwyth, marw fel llaw dde nain yn beryclach o lawer na phethau iach, byw fel ei llaw chwith hi. Hi ddysgodd imi fod yna

Ddiafol yn y byd, ac er iddi ddysgu imi nad yw dim yn marw, ond fod bywyd tragwyddol yn ffaith wirioneddol, 'dydi hynny ddim yn gysur i gyd.

Fe sylwasoch imi sôn am bethau diffrwyth, marw, ac ar yr un gwynt ddweud nad oes dim yn marw. Anghysondeb, meddwch. Hwyrach, wir. Neu feddwl cymylog. Llawn mor wir. Neu efallai fod geiriau weithiau yn newid eu hystyr yn ôl eu cyd-destun. Dyna sut y mae Aelodau Seneddol yn eu cyfiawnhau eu hunain, beth bynnag. 'Dydych chi ddim yn deg, meddant wrth eu beirniaid, 'rydych chi'n dyfynnu geiriau allan o'u cyd-destun.

Unwaith aeth Wil a minnau i weled Fon bach Bronallt yn ei arch. Erbyn hyn 'roeddwn i'n gwybod mai Wil oedd Wil. Nid yr un yn ddau, a'r ddau yn un oeddem ni; er ein bod ni'n mynd efo'n gilydd, ar wahân yr oeddem ni. 'Roedd Fon fel petai o'n fyw: lliw coch ar ei ruddiau, a'i ddannedd o yn y golwg fel petai o'n gwenu, a rhywun wedi rhoi tusw o flodau rhwng ei fysedd. 'Wyddoch chi beth ddeudodd o ddwytha un, meddai ei fam o:

> Iâr fach wen yw fy iâr fach i,
> Pinc a melyn a choch a du.

Ac wrthyf fy hun fe ddywedwn innau, Heddiw mae o'n aelod o gôr undebol y Wynfa dlos sy'n synnu engyl y gogoniant â'i ganu bendigedig. 'Dydw' i ddim yn credu hynna heddiw, cofiwch; hynny ydi, ddim yn credu yn union fel yna. 'Dydi Fon hwyrach ddim yn canu ond mae o'n gwneud rhywbeth. Fe fûm i'n credu ei fod o'n fyw o hyd am fod ei fam o ac Enid ei chwaer o a minnau ac eraill yn ei gofio fo'n iawn. Ond fe fydd ei fam o ac Enid a minnau farw rywbryd, a phwy fydd yn ei gofio fo wedyn? A'r wythnos ddwytha fe ddarllenais erthygl ar Karl Barth, ac 'rwyf yn rhyw newid fy syniad eto.

Y noson honno yn y gwely clywais Wil yn crio ac yn crio. Rhoddais fy mraich amdano. "Be' sy, Wil?" meddwn i. "Ofn marw," meddai Wil. "Cysgwch yn fan 'na," meddai mam. Yr un oeddem ni iddi hi o hyd.

Heddiw mae Wil yn yr Aifft am fod arno fo ofn marw, a minnau'n trin y tir ym Maes Mawr am fy mod i'n gwybod y bydd Wil fyw byth. "'Dydi hi ddim yn ddrwg arnom ni," meddai Wil. "Mae'n safon byw ni'n uchel. 'Rydym ni'n cael difai bwyd a digon ohono fo. A rhyddid." "Ydym," meddwn innau, "ar draul rhai yn byw yn Affrica a Malay ac India, sydd â'u safon byw nhw'n is nag un mochyn yn ein gwlad ni. Meddwl am Krupps yn yr Almaen a'u tebyg yn y wlad hon." "'Digon hawdd iti weld bai ar y cyfoethogion," meddai Wil. "'Rydw' i'n gwybod eu bod nhw'n twyllo ac yn newynu tlodion, ond cofia di fod ein buddiannau ni yn cydredeg â'u rhai hwy. A pha brawf sydd gen' ti y buasem ni'n well pe cenedlaetholid glo a rheilffyrdd a gweithiau trymion? Pa well wyt ti o'th ladd dy hun yn ceisio dangos pydredd cymdeithas i'r gymdeithas honno? Mae da a drwg, 'machgen i, wedi cordeddu cymaint yn ei gilydd fel na elli di ddim tynnu llinell derfyn rhyngddynt, a'n busnes ni ydi, nid meddwl beunydd am bobl eraill, ond meddwl mwy am ein dyletswyddau i ni ein hunain, a'n cyfiawnhau ein hunain i ni ein hunain. Ac os oes rhywun yn ein rhwystro ni, wel 'does dim ond un peth amdani hi. 'Does gen' i fawr o 'fynedd, mi wyddost, Sionyn, efo'r bobl yma sy'n gwneud parseli o genhedloedd, ac yn dweud bod Ffrancwyr yn anfoesol ac Almaenwyr yn filitaraidd, ac Iddewon yn usurwyr, a Saeson yn drahaus, a Sgotiaid yn gybyddlyd. Mae Cymru'n ddau barsel ganddynt fel arfer. Os ydynt yn byw yn Lloegr, ac wedi gwneud tipyn o arian wrth werthu llaeth a sidan, gwlad y cymanfaoedd a'r menyg gwynion a'r hoelion wyth ydi Cymru, ond i'r rhai sydd wedi aros gartre' am eu bod yn caru Cymru, cenedl ddigon diasgwrn cefn a rhagrithiol ydi'n cenedl ni. Ac eto ar yr un pryd, mae yna rywfaint o wir yn hyn i gyd, ac ar adegau mae'r anfoesoldeb a'r awch am ryfel, a'r blys arian, a'r trahâ a'r cybydd-dra, a'r rhagrith, yn torri allan fel gôr o ben dyn, a'r adegau hynny pawb drosto'i hun ydi hi.''

Fe wyddwn i fod yna atebion i'r rhain i gyd, ond yn fy myw y medrwn eu rhoi heb deimlo'n hunangyfiawn, smyg. 'Dydi'r atebion iawn ddim yn hunangyfiawn nac yn smyg. Dywed meddylegwyr fod drychfeddyliau yn wahanol iawn i'r argraffiadau a'u hachosodd, ac mae'n dilyn yn naturiol fod gwahaniaeth wedyn pan droir y drychfeddyliau'n eiriau. Ydi o'n gableddus meddwl, deudwch, mai dyna pam y tau'r ddafad o flaen y rhai a'i cneifia?

''Bwytwch, bendith ichi,'' meddai mam. Yr un·un ydym ni i mam o hyd. ''Bwytwch,'' meddai hi, ''cysgwch, codwch, peidiwch, brys-iwch, byddwch ddistaw . . .'' rhywbeth a fedr ein coesau ni a'n breich-iau ni a'n llygaid a'n clustiau ni eu gwneud. Cnawd ydym iddi hi . . . cnawd o'i chnawd hi.

Yr un boen yn union ydym iddi hefyd. Wyt ti'n cael digon o fwyd ym Maes Mawr, Sionyn? Oes yna ddigon o ddillad ar dy wely di? Cymer ofal fod gennyt ti ddigon o gynhesrwydd amdanat. Sut fwyd wyt ti'n gael, Wil? Ydi hi'n oer iawn yn yr hen denti yna? Cofia roi digon amdanat, beth bynnag. Meri Owen, Trycia, yr hen g'nawes, yn taflu nad oedd Sionyn yn y fyddin. 'Pe tasa' pawb fel Sionyn', meddwn i wrthi hi, 'fasa' yna ddim rhyfel.' ''Dydio'n biti na fasa' Wil wedi sefyll fel Sionyn,' meddai Mr Williams, y gweinidog. 'Mae'n dda iawn inni wrth rai fel Wil,' meddwn i wrtho fo, 'neu dan draed y buasem ni.'

Yr un un ydym ni i'n gilydd weithiau hefyd. ''Wyt ti'n dy gofio dy hun yn cnocio yn nrws Betsan Jones, ers talwm, ac yn rhedeg i ffwrdd?'' ''Nid y fi ddaru, y chdi.'' ''Naci, chdi.'' ''Naci chdi.''

''Wyt ti'n cofio ni'n dau yn dysgu *Rhodd Mam* ac yn cael swllt bob un gan nain?'' ''Ydw'n iawn.''

"P'run ohonom ni syrthiodd oddi ar y goeden eirin, dwad?" "Y fi,"
meddwn innau. "'Does gen' i ddim amheuaeth am hynny."

A dyna ni'n ôl at y goeden eirin. Mae hi mor anochel â geni a marw.
A dydd y Farn a ddywedai John Huws Pant, a hwyrach ei fod o yn
llygad ei le. Mae hi yno o hyd rhwng y tŷ bach a'r wal, yn hŷn o hynny
sydd erbyn hyn a mwy o gen a locsyn gwyrdd. Rhyw dro fe ddringodd
Wil a fi a fi a Wil i'w phen. Eisteddais i ar frigyn wedi crino fel braich
dde nain a syrthio a thorri fy nghoes. Bûm yn y tŷ am wythnosau heb
ddim i'w wneud ond darllen a darllen a darllen. Gwnaeth Wil gyfeill-
ion â Lias a Harri bach y *Garage*, a dwad adra bob nos yn sôn am
magneto a *dynamo* a *clutch* a newid gêr a *Bleriot* a *Jerry M*. 'Dydi o
ddim blewyn o wahaniaeth gen' i beth yw *magneto* a *dynamo*, a thros
ei grogi yn unig y bydd Wil yn darllen.

TESTUNAU TRAFOD

1. Dadansoddwch y rhythmau brawddegol a cheisiwch esbonio'r ail-
   adrodd bwriadus ar eiriau a geir ym mharagraff agoriadol y stori
   hon. (Byddai darllen llyfr Bonamy Dobrée [gweler y rhagymadrodd]
   o gymorth yn hyn o beth).
2. Beth yw effaith y gwrthgyferbyniad a geir yn yr ail baragraff?
3. Sut yr adeiledir y byd y mae Sionyn a Wil yn trigo ynddo? Manyl-
   wch ar wahanol agweddau'r grefft.
4. O ba safbwynt yr ysgrifennwyd y stori? Pam y dewiswyd y safbwynt
   hwn? A yw'n ddewis effeithiol? A oes unrhyw swyddogaeth i'r dyf-
   ynnu uniongyrchol a geir o bryd i'w gilydd?
5. Beth yw arwyddocâd y brawddegau a ganlyn?
   Duw a'i plannodd hi yno.
   Roedd y goeden eirin yn hŷn na nain.
   Hi yw fy ngelyn pennaf.
   Mae hi mor anochel . . .
6. Pam mae'r storïwr yn aralleirio'r Beibl mewn ambell fan? A ydyw'r
   defnydd o'r dechneg yn llwyddiannus?
7. Beth yn hollol a olyga'r term 'techneg llif-yr-ymwybod'? Ai dyna'r
   dechneg a ddefnyddir yn y stori hon? A oes unoliaeth i'r gwaith? A
   ydyw'r asiadau'n cysylltu â'i gilydd 'fel trôr i fwrdd', ynteu a
   ydyw'r stori'n llawn o syniadau digyswllt? Pa mor allweddol yw
   brawddeg fel 'Peidiwch â meddwl fy mod i wedi anghofio'r goeden
   eirin . . .'?
8. A ddiffethid y stori pe bai'r paragraff olaf yn dod ar ei chychwyn?
   Ymdriniwch ag adeiladwaith y stori.
9. Sut gymeriad yw Sionyn? Eglurwch sut y mae'r storïwr yn ei ddad-
   lennu i ni. A yw'r portread yn llwyddiant?
10. Eglurwch yr hyn y mae Sionyn (a thrwyddo John Gwilym Jones)
    yn ei ddweud wrthym am fywyd, drwy gyfrwng y goeden eirin.

Y DIAFOL

Guy de Maupassant

Y Marchog, cyfieithiad Gwenda Gruffydd, (Morgan a Higgs, 1920)

Safai'r tyddynnwr i fyny, gan edrych ar y meddyg, wrth erchwyn gwely a oedd ar fedr bod yn wely angau. Dyna lle y gorweddai'r hen wraig yn dawel a distaw, ac yn ei llawn bwyll, yn edrych ar y ddau ddyn, ac yn gwrando arnynt yn siarad. Yr oedd yn mynd i farw, ac nid oedd arni awydd ymladd yn erbyn y drefn; yr oedd ei heinioes wedi dirwyn i'r pen; yr oedd yn ddeuddeg a phedwar ugain oed.

Yr oedd y ffenestr a'r drws yn agored, a haul Gorffennaf yn tonni i mewn ac yn bwrw ei leufer cynnes ar y llawr pridd anwastad ag ôl clocsiau pedair cenhedlaeth arno. Deuai i'r siambar, hefyd, aroglau'r meysydd ar flaen yr awel wresog, aroglau'r gweiriau a'r ydau, a'r dail oedd yn crasu dan boethder canol dydd. Yr oedd ceiliogod y rhedyn yn rhincian ac yn llenwi'r fro â'u meinllais clir, yn debyg i sŵn "rhegen y rhug", y tegan hwnnw a werthir i blant yn y ffeiriau. Meddai'r meddyg, gan godi ei lais.

"Twmi, ellwch chi ddim gadael ych mam i hunan, a hithe fel y mae hi; gall fynd unrhyw funud."

Ac meddai'r tyddynnwr yn llawn o ofid, —"Mae'n rhaid i fi gywen y llafur, ta beth. Mae wedi bod yn rhy hir ar lawr yn barod. Ma'r tywydd i'r dim. Beth ych chi'n weud, mam?"

Yr oedd yr hen ariangarwch yn dal gafael gadarn o hyd ar yr hen wraig, er ei bod bron â marw, ac amneidiodd "Ie" â'i haeliau. Cyngor oedd hwnnw i'w mab i gywain ei ŷd, a gadael iddi farw ei hunan. Ffromodd y meddyg, a thrawodd ei droed ar y llawr:

"Edrychwch chi yma, Twmi, 'dych chi ddim ond anifel, a chewch chi ddim gwneud hynna, cofiwch. Os oes rhaid i chi gywen ych ŷd heddi, ewch i chwilio am yr hen Ddoli, a gwnewch iddi ofalu am ych mam. 'Rwy'n gorchymyn i chi! A gwrandewch chi, —os na wnewch chi fel 'rwyf fi'n dweud, fe'ch gadawaf i drigo fel ci pan ddaw'ch tro chithe i fod yn sâl. Ydych chi'n deall?"

Yr oedd y tyddynnwr yn dal ac yn denau, ac yn araf iawn ei osgo. Yr oedd ar ei gyfyng gyngor rhwng dau deimlad, ofn y meddyg ac awydd ffyrnig am gadw ei arian. Petrusai a gwnâi gyfrif yn ei ben, ac o'r diwedd, meddai, —

"Faint ma hi'n mofyn am unweth, —yr hen Ddoli?"

Gwaeddodd y meddyg, "Beth wn i? Mae hynny'n dibynnu am ba hyd y bydd arnoch i heisie. Yn enw'r daioni, ellwch chi ddim trefnu gyda hi? Ond r'w i am 'i chael yma ymhen yr awr, cofiwch!" Daeth y dyn i benderfyniad, —

"Rwy'n mynd, rwy'n mynd, pidwch â digio, doctor bach." Ac aeth y meddyg ymaith, gan daflu dros ei ysgwydd, —"Cymerwch ofal! fydda i ddim yn chware pan fydda i'n ddig."

Guy de Maupassant

Pan oedd wrtho'i hun, troes y tyddynnwr at ei fam a dywedodd mewn llais anobeithiol,

"Rwy'n mynd i whilo am yr hen Ddoli, am fod y dyn 'ma'n mofyn hynny. Pidwch â symud nes do i'n ôl." Ac aeth yntau allan yn ei dro.

Hen wraig oedd Doli a fyddai yn smwddio dillad, ac yn gofalu am y meirw, ac am bobl ar farw, yn yr ardal a'r cylchoedd. Ac ar ôl gwnïo ei chwsmeriaid yn y lliain hwnnw nad oeddynt i ymddadwisgo ohono byth, âi yn ôl i'w thŷ i smwddio dillad y byw. Yr oedd ei hwyneb yn grychau drosto, fel afal llynedd; yr oedd yn ddrygionus, yn eiddigeddus, ac yn wyrthiol o gybyddlyd. Yr oedd wedi plygu'n ddwy, ac yn edrych fel pe buasai wedi ei thorri ei hun yn ei hanner wrth symud yr haearn yn ddiddiwedd dros y llieiniau. Buasech yn meddwl bod ganddi ryw gariad annaturiol a mileinig at ddygn boenau'r Angau,—ni siaradai byth ond am bobl a welsai yn marw, neu am yr holl amrywiol farwolaethau yr oedd wedi bod yn bresennol wrthynt, ac adroddai eu hanes bob amser gyda'r un manylion, fel y bydd heliwr yn dywedyd hanes pob ergyd o'i ddryll. Pan ddaeth Twmi Dafis at dŷ'r hen wrach, cafodd hi yn paratoi lliw glas at goleri merched y pentref.

"Pnawn da," meddai, "shwd ma hi, 'r hen Ddoli?"

Troes ei phen ato,—"Lled dda, shwd ma hi gyda chi?"

"O, 'r'w i'n lled dda, ond 'dyw mam ddim yn dda."

"Ych mam?"

"Ie, mam."

"Be' sy' ar ych mam?"

"Ma' hi'n mynd i dynnu'i thrâd ati."

Tynnodd yr hen wraig ei dwylo o'r dŵr; llithrodd y dafnau o ddŵr glas clir i lawr at bennau ei bysedd, gan ddiferu'n ôl i'r llestr golchi. Gofynnodd gyda chydymdeimlad sydyn,

"Ydi hi mor isel â hynna?"

"Ma'r doctor yn dweud na all hi ddim para'r pnawn."

"Mae hi'n siŵr o fod yn isel iawn, te."

Petrusodd Twmi. Yr oedd arno eisiau rhyw ragymadrodd i'r cynnig yr oedd yn ei baratoi iddi, ond gan na ddaeth o hyd i'r un, gwnaeth ei feddwl i fyny'n sydyn,—

"Faint ych chi'n godi am ofalu amdani hyd y diwedd? Ych chi'n gwbod nad w'i ddim yn gyfoethog, dw'i ddim yn gallu ffordd morwyn. Dyna beth sy wedi dod â mam druan i'r fan a'r lle ma hi—gormod o waith a blino. 'Ro'dd hi'n gwitho cymint â deg, er i bod hi'n ddeuddeg a phedwar ugen. Does dim rhagor o'r sort yna yn câl eu gwneud nawr."

Atebodd Doli yn ddifrifol,—"Ma doi bris,—swllt ag wyth y dydd a hanner coron y nos i bobl gyfoethog, deg cinog y dydd a swllt ag wyth y nos i'r lleill. Cewch chi roi deg cinog a swllt ag wyth."

Ond petrusai'r tyddynnwr. Yr oedd yn adnabod ei fam yn dda.

Gwyddai mor gryf, ac mor wydn, ac mor gyndyn ydoedd. Gallai bara wyth niwrnod er gwaethaf rhybudd y meddyg.

Dywedodd yn benderfynol,—

"Nage, well geni i chi roi pris i fi 'nawr, un pris hyd at y diwedd. Cymra i fy siawns bob ffordd. Ma'r doctor yn dweud y bydd hi farw ar unweth. Os fel na y bydd hi, gore i gyd i chi, gwaetha'i gyd i fi, ond os pariff hi hyd fory neu drennydd neu ragor, gore i gyd i fi, a gwaetha' i gyd i chi."

Edrychodd yr hen wraig yn syn ar y dyn. Nid oedd erioed wedi meddwl am dderbyn cymeriad y gwaith o wylio'r marw "dros ei ben," yn lle wrth y dydd. Temtid hi gan y syniad y gallai, drwy ddamwain, fod ar ei hennill a phetrusodd.

Yna daeth i'w meddwl y gallai'r dyn ei thwyllo, ac atebodd,

"Alla i ddweud dim nes y bydda i wedi gweld ych mam."

"Dewch i gweld hi, te, yr hen wraig."

Sychodd ei dwylo, ac aeth ar ei ôl ar unwaith.

Ni ddywedasant air ar y ffordd. Rhoddai hi gamau byrion, ond estynnai ef ei goesau hirion, fel pe bai'n mynd i groesi nant bob cam a gymerai. Yr oedd y gwartheg yn gorwedd yn y caeau, wedi eu gorchfygu gan y gwres, a chodent eu pennau yn araf a brefent i gyfeiriad y ddau oedd yn pasio, i ofyn am borfa las ganddynt. Wrth agosáu at y tŷ, sibrydodd Twmi Dafis,

"Beth tase popeth ar ben yn barod?"

A chlywid yn nhôn ei lais y gobaith oedd ganddo yn ddiarwybod iddo'i hun mai felly y byddai. Ond nid oedd yr hen wraig wedi marw. Yr oedd yn yr un fan ar ei chefn yn ei gwely, â'i dwylo ar y cwrlid cotwm piws,—dwylo cnotiog tenau ofnadwy fel creaduriaid rhyfedd, fel crancod, wedi eu cau'n dynn gan y cryd cymalau, gan ludded, a chan y gwaith y bu wrtho ers agos i gan mlynedd.

Nesaodd Doli at y gwely, ac edrychodd ar yr hen greadures oedd yn marw. Gwrandawodd ar guriadau'i chalon, teimlodd ei bron, clywodd hi'n anadlu, a holodd hi er mwyn ei chlywed yn siarad. Yna, wedi edrych arni yn hir, aeth allan o'r ystafell, a Thwmi ar ei hôl. Yr oedd ei meddwl wedi ei wneuthur i fyny. Ni allai'r hen wraig bara hyd y nos.

Gofynnodd ef,—"Wel?" Atebodd hithau, "Wel, bydd hi'n para am ddoi ddiwrnod, f'alle am dri. Rhaid i chi roi coron i fi am y cwbl."

Torrodd yntau allan.

"Coron! coron! ydi chi wedi colli'ch sens? On'd w'i'n dweud i chi na phariff hi ddim mwy na phum awr neu whech."

A dadleuodd y ddau yn ffyrnig am hir amser.

Gan fod Doli yn sôn am fynd, gan fod yr amser hefyd yn mynd, a chan fod Twmi yn gwybod na chesglid ei ŷd wrtho'i hun, gildiodd o'r diwedd.

"O'r gore, 'r yn ni wedi setlo, te—coron am bopeth, hyd at godi'r corff."

''Dyna fe, coron.''

A cherddodd ef ymaith gyda chamau hirion at ei ŷd, a orweddai ar y llawr yng ngwres yr haul poeth oedd yn aeddfedu'r cnydau.

Aeth yr hen Ddoli yn ôl i'r tŷ. Daethai â gwaith gyda hi, oblegid gweithiai yn ddibaid wrth ochr y rhai oedd yn marw a'r rhai oedd wedi marw, weithiau iddi hi ei hun, a thro arall i'r teulu oedd yn ei chyflogi i'r gwaith dwbl, er mwyn ychwanegu at ei chyflog. Yn sydyn gofynnodd,—

''Ydi'r ffeirad wedi bod â'r Cymun i chi, Mari Dafis?''

Amneidiodd hithau ''Na'' gyda'i phen, a chododd Doli—yr oedd yn dduwiol iawn—gyda phrysurdeb.

'''Nenw popeth, ydi hynny'n bosib? 'Rwy'n mynd ar unweth i whilo am y ffeirad.''

A rhuthrodd at ei dŷ. Âi mor gyflym ag i wneuthur i'r plant oedd yn chware ar y groesffordd, wrth ei gweld yn rhedeg fel yna, feddwl yn siŵr fod rhyw ddamwain wedi digwydd.

Daeth yr offeiriad ar unwaith yn ei wenwisg, a phlentyn bach o'r côr yn cerdded o'i flaen gan ganu'r gloch fach a gyhoeddai fod Duw yn mynd heibio, i'r wlad boeth dawel.

Tynnai'r dynion oedd yn gweithio yn y pellter eu capiau mawrion, a safent heb symud nes i'r wisg wen fynd o'r golwg y tu ôl i fferm; ymgodai'r merched oedd yn cynnull, i fyny'n syth er mwyn ymgroesi; dihangai'r ieir duon mewn dychryn gyda'r cloddiau, a rhedent nerth eu traed bach at dwll y gwyddent yn dda amdano, ac aethant o'r golwg yn sydyn; dychrynodd ebol bach oedd wedi ei rwymo mewn cae, wrth weld y wenwisg, a dechreuodd droi mewn cylch ar hyd ei raff, a gweryru ei orau. Cerddai'r bachgen o'r côr yn gyflym yn ei bais goch, a dilynai'r offeiriad ef gyda'i het bedronglog, ac yn gwyro ei ben at un ysgwydd. Sibrydai baderau wrth fynd, a deuai yr hen Ddoli ar ei ôl, â'i dwylo ymhleth ac yn ymgrymu nes plygu'n ddau wrth gerdded, fel pe bai yn yr eglwys.

Gwelodd Twmi hwy o bell yn pasio, a gofynnodd,

''Ble mae'r ffeirad yn mynd?''

Atebodd ei was, oedd yn graffach nag ef,

''Ma'n mynd â'r Cymun ola i dy fam, wrth gwrs.''

Ni synnodd y tyddynnwr ddim.

''Ma hynny'n ddigon posib!''

Ac aeth ymlaen â'i waith.

Cyffesodd yr hen Mari Dafis, derbyniodd ollyngdod, cymunodd, ac aeth yr offeiriad i ffwrdd gan adael y ddwy wraig wrthynt eu hunain yn y bwthyn trymllyd. Yna, dechreuodd Doli edrych ar y llall gan ymholi a fyddai hi byw'n hir eto.

Yr oedd y dydd yn cilio, a'r awyr oerach yn dyfod i mewn yn chwythiadau cryfach, ac yn gwneud i ddarlun, oedd yn hongian ar y pared wrth ddau bin, ymysgwyd yn ôl a blaen. Yr oedd llenni bach y

ffenestri hefyd, llenni oedd unwaith yn wynion ond yn awr yn felyn-
ion ac yn ysmotiau pryfed drostynt, yn edrych fel pe baent am ehedeg i
ffwrdd, am ymryddhau, am fynd oddi yno fel enaid yr hen wraig. Ni
symudai hithau; yr oedd ei llygaid yn agored, ac ymddangosai yn
hollol ddifater wrth ddisgwyl yr Angau oedd yn nesáu, ac oedd mor hir
yn dyfod. Yr oedd ei gwynt yn fyr, ac yn chwiban yn ei gwddf tyn.
Byddai yn darfod yn fuan, a byddai un wraig yn llai ar y ddaear, un na
byddai neb yn gofidio ar ei hôl.

Pan ddaeth y nos, daeth Twmi i mewn.

Aeth yn agos at y gwely, gwelodd fod ei fam yn fyw eto, a
gofynnodd,

"Ydych chi'n teimlo'n lled dda?"—fel y gwnâi o'r blaen, pan fyddai
ei fam yn cwyno tipyn.

Yna anfonodd yr hen Ddoli adref, gan ei hannog,

"Fory, am bump o'r gloch yn ddiffâl."

Atebodd hithau,—"Fory am bump o'r gloch."

Daeth, yn wir, gyda'r wawr. Bwytâi Twmi ei gawl o'i waith ei hun,
cyn cychwyn i'r caeau.

Gofynnodd hithau—"Wel, ydi'ch mam wedi mynd?"

Atebodd, â golwg dichellgar yn dyfod o gil ei lygaid,

"Ma hi'n well." Ac aeth allan.

Dechreuodd hithau deimlo'n bryderus a nesaodd at y claf a oedd yn
aros yn yr un cyflwr heb symud nac osgo, â'i llygaid yn agored, a'i
dwylo crin ar y cwrlid. A deallodd yr hen Ddoli y gallai hynny bara am
ddeuddydd, am bedwar, neu wythnos, a llanwyd ei chalon gybyddlyd
â dychryn. Ar yr un pryd, gwylltiodd yn ffyrnig wrth y dihiryn oedd
wedi cael y gorau arni, ac wrth yr hen wraig na fynnai farw. Er hynny,
dechreuodd ar ei gwaith, ac arhosodd ei hamser, gan edrych yn ddyfal
ar wyneb crych yr hen Fari Dafis.

Daeth Twmi i'r tŷ i ginio—yr oedd arno olwg hapus, braidd yn gell-
weirus—ac aeth allan wedyn. Yr oedd yn cael cywain ei ŷd o dan yr
amgylchiadau mwyaf ffafriol, beth bynnag.

Yr oedd yr hen Ddoli yn colli ei hamynedd yn llwyr. Ymddangosai
pob munud a basiai iddi fel amser ac arian wedi eu lladrata oddi arni.
Yr oedd arni awydd—awydd gwallgof—i gymryd yr hen wraig bender-
fynol bengaled ystyfnig yna gerfydd ei gwddf, a gwasgu tipyn arni er
mwyn atal yr anadl bach byr oedd yn mynd â'i hamser a'i harian. Yna
ystyriodd berygl hynny.

Daeth syniad arall i'w phen, a nesaodd at y gwely. Gofynnodd,

"Ych chi 'riôd wedi gweld y diafol?"

Sibrydodd yr hen Fari Dafis—"Naddo."

Ar hyn dechreuodd Doli siarad ac adrodd straeon i ddychryn yr
ysbryd gwan oedd bron â'i gadael. Ymddangosai'r diafol, meddai hi, i
bawb ychydig funudau cyn iddynt farw. Byddai ganddo ysgub yn ei
law, a chrochan ar ei ben, a rhoddai sgrechiadau ofnadwy. Pan fyddai

pobl wedi ei weld, yr oedd ar ben arnynt,—ni byddent byw ond ychydig funudau wedyn. A rhoddodd enwau pawb yr oedd y diafol wedi ymddangos iddynt, o'i blaen hi, y flwyddyn honno,—Neli Huws, Lisa Rolant, Lowri Parri, a Sara Tomos.

Yr oedd yr hen Fari Dafis wedi ei chyffroi o'r diwedd, a chrynai a symudai ei dwylo a cheisiai droi ei phen er mwyn edrych i ben pellaf yr ystafell.

Yn sydyn, aeth yr hen Ddoli o'r golwg oddi wrth draed y gwely. Agorodd gwpwrdd, cymerodd liain allan ohono, a lapiodd ef drosti. Rhoddodd y crochan ar ei phen, a dyna lle'r oedd â'i dri throed i fyny fel tri chorn. Gafaelodd mewn ysgub â'i llaw dde, ac, â'i llaw chwith, cymerodd ystên haearn, a thaflodd hi i fyny er mwyn iddi ddisgyn i'r llawr a gwneud sŵn. Gwnaeth dwrw ofnadwy wrth daro yn erbyn y llawr. Yna, dringodd hithau i ben cadair, cododd y llen oedd yn hongian dros y gwely, a dyna lle'r oedd yn ystumio, yn rhoddi sgrechiadau treiddgar o waelod y crochan haearn a guddiai ei hwyneb, ac, yn rhith diafol, yn bygwth â'r ysgub fywyd yr hen wraig oedd erbyn hyn ar fin marw.

Yr oedd honno wedi drysu'n llwyr. Taflodd olwg hurt o'i chwmpas, a gwnaeth ymdrech oruwchnaturiol i godi a rhedeg i ffwrdd. Cododd ychydig o'i gorwedd, gan noethi ei hysgwyddau a'i mynwes, yna syrthiodd yn ôl ar y gwely gan roi ochenaid fawr.

Yr oedd popeth drosodd.

Gosododd yr hen Ddoli'r pethau yn ôl yn eu lle yn dawel, yr ysgub yng nghongl y cwpwrdd, y lliain y tu mewn iddo, y crochan ar y pentan, yr ystên ar y fainc, a'r gadair yn erbyn y pared. Yna, gyda'r symudiadau oedd yn naturiol i'w galwedigaeth, caeodd lygaid anferth y marw, gosododd blât ar y gwely, tywalltodd ddŵr sanctaidd iddo, mwydodd ynddo'r gangen o ddail bocs oedd yn hongian yn yr ystafell, ac aeth ar ei gliniau a dechreuodd adrodd yn ddefosiynol hynny o wasanaeth y marw a wyddai ar ei chof ac yn ôl ei galwedigaeth.

Pan ddaeth Twmi i'r tŷ yn yr hwyr, cafodd hi yn gweddïo, a chyfrifodd ar unwaith ei bod wedi ennill deg ceiniog oddi arno, am mai tri diwrnod ac un noson yn unig a fu hi yno, a phedwar swllt a dwy geiniog a ddylasai ef dalu, yn lle'r pum swllt a oedd arno iddi.

TESTUNAU TRAFOD

1. Manylwch ar y defnydd a wna Maupassant o gefndir a lleoliad drwy drwch y stori hon. Pa mor fanwl y dewiswyd y manylion y cyfeirir atynt?
2. A geir agoriad crefftus i'r stori? Pa mor gyforiog yw'r iaith?
3. Sut bortread a roir i ni o fab y wraig sâl, a'r hen Ddoli? Sut gymdeithas y maent yn perthyn iddi?

4. O ba safbwynt yr ysgrifennwyd y stori? A yw'r dewis yn llwyddiant?
5. Sut y mae'r awdur yn pennu ein hagwedd ni'r darllenwyr at ei gymeriadau?
6. Wrth i'r stori fynd rhagddi, mae Maupassant yn achub ar y cyfle i roi sawl sylw i ni ar fywyd, y natur ddynol, a'r gymdeithas y lleolir y stori ynddi—weithiau'n uniongyrchol, dro arall ar letraws. Trafodwch y sylwadau hynny.
7. A ellir dweud bod hiwmor a thrasiedi'n ymgordeddu drwy'i gilydd yn y stori hon? Nodwch enghreifftiau. Dadansoddwch yr effaith a gaiff hyn arnom.
8. Beth yw arwyddocâd teitl y stori?
9. Ceisiwch grynhoi 'pwnc' y stori hon i un frawddeg. Ewch ati wedyn i gyfiawnhau eich dehongliad.

Y MYFYRIWR
Anton Chekhov
Storïau Tramor IV (Gwasg Gomer, 1977; cyf. Meic Pattison)

Braf a mwyn oedd y tywydd i ddechrau. Yr adar bronfraith yn canu a rhyw greadur yn murmur yn gwynfannus yng nghyffiniau'r corsydd fel petai rhywun yn chwythu i mewn i botel wag. Ehedodd y gïach unig uwchben, ac yn sydyn atseiniodd twrw ergyd gwn ar ei ôl drwy awyr y gwanwyn. Ond pan aeth hi'n dywyll yn y goedwig, dechreuodd gwynt oer a main chwythu'n annisgwyl o'r dwyrain. Aeth popeth yn ddistaw. Dechreuodd bysedd o rew ymestyn ar draws y pyllau dŵr, ac annifyr, digroeso ac unig oedd y goedwig. Naws y gaeaf oedd ganddi.

Roedd Ifan, myfyriwr mewn Coleg Diwinyddol a mab i ddiacon, yn cerdded ar hyd llwybr drwy'r dolydd wrth ddychwelyd adref ar ôl bod allan yn saethu. Roedd ei fysedd wedi rhewi a'i wyneb yn boeth gan frath y gwynt. Iddo ef, roedd yr oerni annisgwyl hwn fel petai wedi difetha trefn a chytgord popeth ac roedd fel petai natur ei hun hyd yn oed yn ei gael yn annaearol, a dyna pam yr oedd cysgodion yr hwyr yn crynhoi'n gynt nag arfer. Oddi amgylch, roedd hi'n ddiffaith a rhywsut yn arbennig o dywyll. Dim ond yng ngerddi'r gweddwon ger yr afon y gwelid golau. Ymhellach i ffwrdd, yn y pentref tua thair milltir oddi yno, cuddid pob peth yn llwyr gan gaddug oer yr hwyrnos. Fe gofiodd y myfyriwr fod ei fam, pan adawodd ef y tŷ, yn eistedd yn droednoeth ar garreg y drws wrthi'n glanhau'r samofar, a'i dad yn gorwedd ar y fainc uwchben y stôf ac yn pesychu. Fel arfer, ni fyddent yn coginio dim gartref ar ddydd Gwener y Groglith, ac roedd ef ar ei gythlwng. Ac yn awr, ac yntau'n rhynnu, meddyliodd y myfyriwr mai fel hyn yn union y chwythai'r gwynt yn amser Rwric, Ifan Ofnadwy a Phedr Fawr, ac roedd yna, yr adeg honno, hefyd, yr un math o dlodi a newyn, yr un toeau gwellt tyllog, yr un anfoesgarwch, yr un hiraeth, yr un diffeithwch oddi amgylch: tywyllwch a'r teimlad o ormes. Yr oedd yr erchyllterau hyn wedi bod, yn bod ac yn mynd i aros, a dyna pam na ddeuai bywyd yn well, hyd yn oed pe bai mil arall o flynyddoedd yn mynd heibio. Ac nid oedd am fynd adref.

Fe elwid y gerddi yn erddi'r gweddwon gan mai dwy weddw, mam a'i merch, oedd yn eu trin. Llosgai tân yn boeth ac yn swnllyd gan oleuo'r tir am bellteroedd. Roedd un o'r gweddwon, Fasilisa, hen wraig dal, lond ei chroen, mewn siaced groen-dafad gŵr yn sefyll wrth ymyl y tân gan edrych arno'n fyfyrgar. Roedd ei merch, Lwceria, gwraig fechan a golwg wirion ar ei hwyneb tyllog, yn eistedd ar y llawr yn golchi crochan a llwyau. Roedd yn amlwg eu bod newydd fwyta eu swper. Clywid lleisiau dynion, y gweithwyr lleol, yn dod i roi dŵr i'w ceffylau.

''Dyma chi'r gaeaf wedi dod yn ei ôl,'' meddai'r myfyriwr gan nesu at y tân. ''Noswaith dda, pa hwyl sydd arnoch chi?''

Anton Chekhov

Dychrynodd Fasilisa, ond yna adnabu ef a gwenodd yn groesawus.

"Wnes i ddim dy 'nabod di, Duw fo gyda thi," meddai hi, "pob bendith arnat ti."

Cawsant sgwrs. Siaradai Fasilisa, gwraig a oedd wedi profi bywyd, ac a fu ar un adeg yn gweini fel mamaeth yn magu plant gŵr bonheddig, yn fwyn ac yn foesgar, a thrwy'r amser, ni ddiflannodd ei gwên dawel a siriol oddi ar ei hwyneb. Dim ond syllu ar y myfyriwr a delwi a wnaeth ei merch, Lwceria, gwraig o'r pentref a gafodd ei chamdrin gan ei gŵr,—roedd yr olwg ar ei hwyneb yn rhyfedd, fel golwg mudan.

"Fel hyn yn union y cynhesai'r Apostol Pedr ei hun wrth y tân, ar noson oer," dywedodd y myfyriwr gan estyn ei ddwylo tuag at y tân. "Felly, roedd honno'n noson oer, hefyd! Dyna chi noson ofnadwy oedd hi, 'nte? Noson enbyd o drist a hir."

Edrychodd o'i amgylch ar y cysgodion. Aeth ias drwyddo.

"Mae'n siŵr i ti fod yn oedfa'r Deuddeg Efengyl?"

"Do," atebodd Fasilisa.

"Os wyt ti'n cofio, dywedodd Pedr wrth yr Iesu yn ystod y Swper Olaf: 'Yr wyf fi yn barod i fynd gyda thi i garchar, ac i angau.' Ond atebodd yr Iesu ef, 'Yr wyf yn dywedyd i ti, Pedr, na chân y ceiliog heddiw, nes i ti wadu dair gwaith yr adwaeni fi'. Yn yr ardd wedi swper, yr aeth yr Iesu yn drist hyd angau a gweddïodd, ac aeth Pedr druan yn brudd ei galon, yn llwydaidd ac yn drwm ei amrannau. Aeth i gysgu. Ac yna, fel rwyt ti wedi clywed, yr un noson, cusanodd Jwdas yr Iesu a'i fradychu i'w erlynwyr. Wedi ei rwymo, aethant ag ef at yr archoffeiriaid gan ei daro, ac rwyt ti'n cofio fel yr aeth Pedr ar ei ôl, wedi blino, wedi'i boenydio â hiraeth ac ofn, heb gysgu digon, yn teimlo bod rhywbeth dychrynllyd ar ddigwydd yma ar y ddaear. Carai Pedr yr Iesu yn angerddol, hyd ddrysu, ond yn awr, edrychai o hirbell arnyn nhw yn ei daro Ef . . ."

Gollyngodd Lwceria'r llwyau gan rythu ar y myfyriwr.

"Daethon nhw i dŷ'r archoffeiriad," aeth yn ei flaen, "a dechrau holi'r Iesu, ac yna, gan ei bod hi'n oer dechreuson nhw gynnau tân yng nghanol y buarth i'w cynhesu eu hunain. Safai Pedr hefyd gyda nhw wrth y tân yn ei gynhesu ei hun, 'run fath ag rydw i yma nawr. Dywedodd un wraig, pan welodd hi ef, 'Yr oedd hwn hefyd gyda'r Iesu,' hynny yw, bod angen ei arestio yntau hefyd. Ac mae'n rhaid bod yr holl weithwyr a oedd wrth y tân wedi edrych yn amheus ac yn fygythiol arno, oherwydd fe ddrysodd e a dywedodd, 'Nid adwaen i ef.' Ymhen ychydig, fe adnabu rhywun arall ef fel un o ddisgyblion yr Iesu, a dywedodd, 'Yr wyt tithau yn un ohonynt.' Ond gwadodd hynny eto. A'r trydydd tro, trodd rhywun arall tuag ato, 'Oni welais i di gydag ef yn yr ardd?' Fe wadodd yntau'r drydedd waith. Cyn pen dim canodd y ceiliog, a chan edrych ar yr Iesu o hirbell, cofiodd Pedr y geiriau a ddywedodd Ef yn y Swper Olaf . . . Cofiodd a daeth ato'i hun, aeth allan ac wylo'n dost iawn. Mae'r Beibl yn dweud, 'A Phedr a aeth allan, ac a wylodd yn chwerw-dost.' Mi fedra' i ddychmygu'r ardd yn ddistaw—ddistaw, dywyll—dywyll, ac yn y distawrwydd, griddfan isel.''

Ochneidiodd y myfyriwr gan synfyfyrio. Daliai Fasilisa i wenu ond yn sydyn, dyma hi'n dechrau wylo, powliodd dagrau mawr yn llif i lawr ei bochau, a chuddiodd ei hwyneb rhag y tân â'i llawes, fel pe bai arni gywilydd o'i dagrau. Cochodd Lwceria, gan rythu ar y myfyriwr —aeth yr olwg ar ei hwyneb yn swrth a dwys fel rhywun sy'n ceisio ymladd rhyw boen fawr.

Dychwelai'r gweithwyr o'r afon, daeth un ohonynt mor agos ar gefn ei geffyl nes chwaraeai golau'r tân arno. Dymunodd y myfyriwr "nos da'' i'r ddwy weddw, ac aeth yn ei flaen.

Roedd hi'n dal i dywyllu o'i amgylch, a'i ddwylo wedi fferu erbyn hyn. Chwythai gwynt creulon. Roedd y gaeaf wedi dod yn ôl yn wir. Roedd hi'n anodd credu fod y Pasg drennydd. Meddyliai'r myfyriwr am Fasilisa—os crïodd hi, yna roedd yn rhaid bod popeth a oedd wedi digwydd y noson ofnadwy honno i Bedr yn berthnasol iddi hi rywsut.

Edrychodd o'i gwmpas. Pefriai'r golau unig yn y tywyllwch, erbyn hyn roedd hi'n amhosibl gweld neb wrth ei ymyl. Unwaith eto, medd-yliodd y myfyriwr am Fasilisa, os crïodd hi, os cynhyrfodd Lwceria, yna roedd hi'n amlwg bod y pethau roedd ef newydd eu dweud wrthynt, pethau a oedd wedi digwydd fil naw cant o flynyddoedd yn ôl yn berthnasol i'r presennol, i'r ddwy ohonynt ac yn ôl pob tebyg i'r pentref diarffordd hwn, iddo ef ei hun ac i bawb. Os crïodd yr hen wraig, roedd hynny oherwydd iddi deimlo Pedr yn agos ati hi, a'i bod yn ymddiddori â'i holl galon yn yr hyn a oedd wedi digwydd yn enaid Pedr, ac nid oherwydd iddo ef allu dweud y stori mewn ffordd deimladwy.

Ac yn sydyn fe gyffrowyd ei enaid gan lawenydd ac am funud fe safodd yn stond i gael ei wynt ato. Cofiodd, ''Mae'r gorffennol wedi'i gysylltu â'r presennol yn un gadwyn ddi-dor o ddigwyddiadau, i gyd ynghlwm wrth ei gilydd.'' Teimlai fel petai ef newydd weld dau ben y gadwyn hon, a'i fod wedi cyffwrdd ag un pen tra'n siglo'r llall.

Wrth groesi'r afon ar y fferi, ac wedyn wrth fynd i fyny i'r bryniau, edrychodd ar ei bentref genedigol, yna edrychodd tua'r gorllewin lle disgleiriai'r machlud oer yn rhuban coch ar y gorwel. Sylweddolodd fod y gwirionedd a'r prydferthwch a reolai fywyd dyn yno yn yr ardd ac ym muarth yr archoffeiriad wedi parhau'n ddi-dor hyd y diwrnod hwnnw, ac yn ôl pob tebyg, dyma oedd y pethau mwyaf sylfaenol ym mywyd dyn a thrwy'r byd yn gyffredinol. Fesul ychydig, meddian-nwyd ef gan y teimlad o ieuenctid, iechyd, cryfder,—nid oedd ond dwy ar hugain oed—ymddangosai bywyd iddo'n dra rhagorol a rhyfeddol, ac yn llawn ystyr aruchel.

TESTUNAU TRAFOD

1. Sylwch yn fanwl ar agoriad y stori.
2. Sut ddefnydd a wneir o'r cefndir drwy gydol y stori? Nodwch enghreifftiau. Faint o sylw a rydd yr awdur i gysylltiadau geiriau?
3. Beth yw arwyddocâd y ffaith ei bod yn ddydd Gwener y Groglith?
4. Pa mor ddeheuig y mae'r awdur yn cysylltu syniadau â'i gilydd yn y gwaith?
5. Eglurwch bwysigrwydd yr ymadrodd: 'Ac nid oedd am fynd adref'.
6. Sut fath o gymeriad yw Ifan? Manylwch ar yr wybodaeth a rydd Chekhov i ni. Sut bortreadau a geir o Fasilisa a Lwceria?
7. Beth yw'r gwahaniaeth rhwng cychwyn a diwedd y stori? Pa fath o weledigaeth a ddaeth i ran y myfyriwr?
8. A yw'r ffaith ei fod yn fyfyriwr diwinyddol ac yn ddwy ar hugain oed yn bwysig?
9. Beth yw alegori? A wneir defnydd alegorïol o un o hanesion y Beibl yn y stori hon?
10. O ba safbwyntiau yr adroddir y stori? Pa mor addas ydynt?
11. A geir unoliaeth o fewn y gwaith? Sut y sicrheir ef?
12. Beth yw tôn Chekhov drwy gydol y stori hon? Nodwch enghreifftiau.